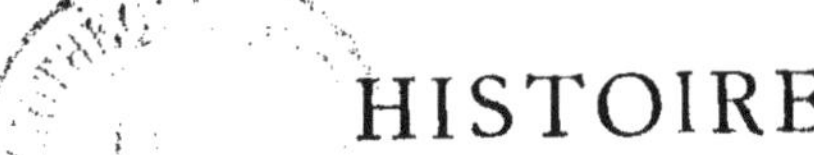

HISTOIRE

DE LA

LITHOGRAPHIE

PETITE BIBLIOTHÈQUE

DE

VULGARISATION ARTISTIQUE

Volumes parus :

1. **L'Architecture religieuse**, par M. E. BENOIT-LÉVY, président de la Société populaire des Beaux-Arts.
2. **La Peinture industrielle chez les Grecs**, par M. E. POTTIER, conservateur-adjoint au musée du Louvre.
3. **L'Art romain**, par M. GAUSSERON, agrégé de l'Université.
4. **L'Art égyptien**, par M. AUGÉ DE LASSUS.

Pour paraître prochainement :

5. **La Peinture militaire et la Guerre de 1870-1871**, par M. J. DE SAINT-MESMIN, secrétaire général de la Société populaire des Beaux-Arts.

PETITE BIBLIOTHÈQUE DE VULGARISATION ARTISTIQUE

PUBLIÉE SOUS LA DIRECTION

DE M. EDMOND BENOIT-LÉVY

Président de la *Société populaire des Beaux-Arts*

HISTOIRE
DE LA
LITHOGRAPHIE

PAR

JULES DE MARTHOLD

Président de la *Société des Artistes lithographes français.*

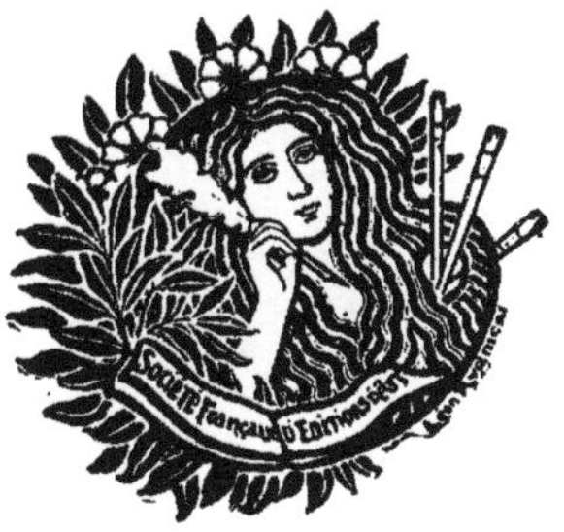

PARIS

SOCIÉTÉ FRANÇAISE D'ÉDITIONS D'ART

L. HENRY MAY

9 et 11, rue Saint-Benoît

HISTOIRE
DE LA
LITHOGRAPHIE

I
AVANT

La gravure est le plus ancien des arts.

En ses *Antiquités judaïques*, livre II, chapitres VII et VIII, Flavius Josèphe, patriotique historien hébreux du premier siècle, rapporte qu'Alexandre, entrant en Judée dans le dessein d'y tout anéantir, fut apaisé par la majesté du grand prêtre Jaddus, venu au-devant de lui revêtu des ornements pontificaux, et que le païen de Macédoine se prosterna devant le nom sacré de Jéhova, *gravé* sur une plaque d'or de la tiare du grand sacrificateur, le trente-huitième après Aaron et le sixième depuis le retour de Babylone.

C'est là la première mention écrite que nous possédions de la gravure.

Cependant on sait que les Chinois gravaient en creux, sur une surface unie, des contours qui, ne se trouvant pas atteints par l'encre appliquée sur cette surface, apparaissaient en blanc sur le reste du papier de mûrier, noirci par l'impression, et Pline s'émerveille d'une invention « presque divine, grâce à laquelle sept cents portraits, pouvant être multipliés à l'infini, faisaient corps avec les livres de Varron ». En outre, les Égyptiens, et généralement les peuples de l'antiquité, le *Prologue* du Ve livre des Fables de Phèdre en fait foi, excellaient à la glyptique (γλύφειν, creuser), art de graver, surtout sur la pierre fine, perdu, retrouvé et remis en honneur aux xve et xvie siècles.

En 1452, le plus habile nielleur de son temps, le Florentin Maso-Thomaso Finiguerra, orfèvre, découvrit la possibilité de « transmettre la gravure sur le papier ».

« Une femme, dit Giorgio Vasari d'Arezzo, en sa *Vie des plus excellents peintres, sculpteurs et architectes*, publiée à Florence en 1550 et 1568, une femme ayant posé sur l'établi de Finiguerra un paquet de linge mouillé, sans faire attention qu'il s'y trouvait une planche prête à être niellée, l'artiste fut fort étonné, en enlevant le paquet, de voir tout le travail de la gravure empreint avec fidélité sur le linge humide. Du linge mouillé à des essais sur un papier trempé il n'y eut qu'un pas. Finiguerra le fit, et l'art d'imprimer des planches sur métal fut trouvé et fit en peu de temps de rapides progrès. »

Il s'agissait d'une *Paix* — plaque de métal qu'en célébrant la messe embrasse le prêtre au moment du *Pax tecum* — représentant *l'Assomption*, gravée par lui pour le trésor de l'église Saint-Jean de Florence. Outre les deux empreintes au soufre, longtemps conservées à Gênes et à Livourne et maintenant en Angleterre, les deux seules épreuves connues de cette première estampe sont à Paris, où l'une fut découverte fortuitement à la Bibliothèque impériale par l'abbé Zani et l'autre par M. Dumesnil, en 1841, à la Bibliothèque de l'Arsenal où elle était enfouie dans un carton depuis Louis XIV. En effet, avant de nous appartenir, ces épreuves, ces patrons, ces fumés faisaient partie de la collection de Villeloin, deux cent soixante-quatorze portefeuilles contenant des merveilles achetées par Colbert sur l'ordre du grand roi pour créer le Cabinet des Estampes, qu'on lui doit.

La Xylographie ou gravure sur bois, qui s'obtient par des tailles réservant en relief les traits mêmes du dessin destinés à rester noirs et enlevant en creux les parties devant rester claires, art pratiqué au XIe siècle par les Chinois et au XIIIe par les Indiens pour l'impression des étoffes, fut connu en Europe au XVe siècle. On possède en effet en Belgique une *Vierge* datée de 1418, en Allemagne, un *Saint Christophe* daté de 1423, en France, un *Saint Bernard* daté de 1454 et attribué à Milnet; le premier livre imprimé chez nous avec des images, sans date, indications de lieu ni d'imprimeur, est l'*Art de mourir*, contenant onze gravures sur bois, et le premier daté, du 26 février 1483, imprimé à Paris par Jean Du Pré, est *Les cas des nobles hommes et femmes* de Boccace.

En dehors de ce procédé, on ne connut que la gravure au burin, obtenue en creusant plus ou moins l'étain et, à partir de Marc-Antoine Raimondi, de Bologne, qui vécut de 1488 à 1546, le cuivre, rouge ou jaune, et plus tard, l'acier, jusqu'au jour où Wenceslas d'Olmutz se servit le premier de l'eau-forte, s'il n'en fut pas l'inventeur. Le *British Museum* possède de lui une figure allégorique datée de 1496; la plus ancienne eau-forte connue de l'Allemand Albert Dürer est datée de 1515; celle de l'Italien Mazzuoli, dit le Parmesan, est postérieure, mais il est tenu, malgré Ugo Carpi et Lucas Cranach, pour l'inventeur de la gravure en couleurs à plusieurs tailles ou planches, dite camaïeu, manière qu'employèrent Blœmaert en Hollande et Kirkall et Jackson en Angleterre et qui fut reprise chez nous en 1740 par Nicolas Lesueur.

Les grands maîtres du burin sont Augustin Carrache, Goltzius, Sadeler, Villamène, Poilly, Edelinck, Visscher, Paul Pontius, Vostermann, Bolswert, Masson, Nanteuil au XVIIe siècle, et Baléchau, Wille, Raphaël Morghen, Bervic, J.-N. Tardieu au XVIIIe.

Délaissant le vernis dur dont se servaient les ancêtres de l'eau-forte, Jacques Callot et Bosse, l'aqua-fortiste moderne enduisit sa planche de vernis mou qu'il noircit, sans le brûler, au rat de cave, puis reporta sur cette surface noire le calque à la sanguine du dessin à reproduire, qu'il traça ensuite à la pointe. Après quoi, sa planche entourée d'un rebord de cire molle, il fit mordre à l'acide nitrique, mélangé d'eau, et termina, soit au burin, soit à la pointe sèche, soit à l'aide de ces deux instruments. Les grands peintres Berghem, Paul Potter, Everdingen, Roos, Rembrandt, Carrache, Guido Reni, Salvator Rosa, Castiglione, Claude Lorrain, Bourdon, Coypel, ont fait d'admirables eaux-fortes, dites de peintres, pour les distinguer de celles exécutées par des artistes seulement graveurs, tels qu'Audran et Lepôtre, pour n'en pas citer d'autres.

Très en vogue, pour tomber assez rapidement dans un

juste oubli, fut la gravure au pointillé, importée chez nous d'Angleterre à la fin du XVIIIe siècle. Là, les tailles, supprimées, sont remplacées par des points, de grosseur irrégulière et variée, obtenus soit au burin, soit à l'eau-forte, soit avec les deux. De mauvais essais de gravure au marteau ont aussi été faits.

Vers 1611, le lieutenant palatin Louis Siegen inventa la gravure en demi-teinte, où le burin tient lieu de crayon noir sur du blanc, alors que le racloir fait l'office de crayon blanc sur du noir, manière absolument opposée à la gravure et dont la pratique est plus compliquée qu'avantageuse et surtout artistique.

En 1720, Leblond trouva un procédé de tirage à quatre planches, basé sur une combinaison nouvelle du bleu, du jaune, du rouge et du noir, plus le blanc fourni par le papier même, puis vint la gravure en couleur et au lavis ou aqua-tinta, manières étudiées et particulièrement perfectionnées vers 1790 par Jean-Baptiste Audebert, mais d'usage malaisé et sur lesquelles il n'y a pas à s'étendre ici.

Ce que nous voulons retenir en finissant, c'est l'invention d'un français, Demarteaux, créateur d'un genre de gravure imitant le crayon et obtenu vers le milieu du dernier siècle, où tout s'agitait, au moyen d'une roulette à courbe cycloïde, roulette indiquée cent ans auparavant par le père Minime Marin Mersenne et perfectionnée par son maître Descartes, procédé ingénieux, mais que vint avantageusement remplacer la Lithographie.

II

ALOÏS SENEFELDER

Burin, eau-forte, bois, camaïeu, arts avilis aux procédés expéditifs, agonisaient quand parut Senefelder.

En l'an de grâce 1771, tandis que, régent sous l'œil de sa mère, Marie-Thérèse, Joseph II commençait d'appliquer ses idées de réformes à la Bohême, Prague, sa vieille capitale, donnait le jour à Aloïs Senefelder, né le 6 novembre.

Mais l'enfant ne vit pas longtemps les îles fleuries de la Moldau, son père, comédien, ayant été engagé au théâtre royal de Munich.

En 1788, à seize ans, Aloïs est l'un des bons élèves du collège de cette ville, d'où l'ambition familiale l'envoie terminer ses études et faire son droit à la célèbre université d'Ingolstadt.

En cette même année, le 17 août, notons-le en passant, Godefroi Engelmann, appelé à devenir l'un des vulgarisateurs de la lithographie, naissait à Mulhouse.

Le jeune Senefelder a une façon d'étudier les lois qui aboutit à une comédie, *Madchenkennet* (*Connaisseur de filles*), suffisamment bien accueillie à Munich pour donner à son auteur des espérances le décidant à continuer.

Malheureusement, l'heure est peu favorable. Le théâtre

allemand se traîne dans les ornières de l'imitation, ne produisant que des essais plats, pâles et froids. Le premier drame de Gœthe, *Gœtz de Berlichingen*, ne verra le

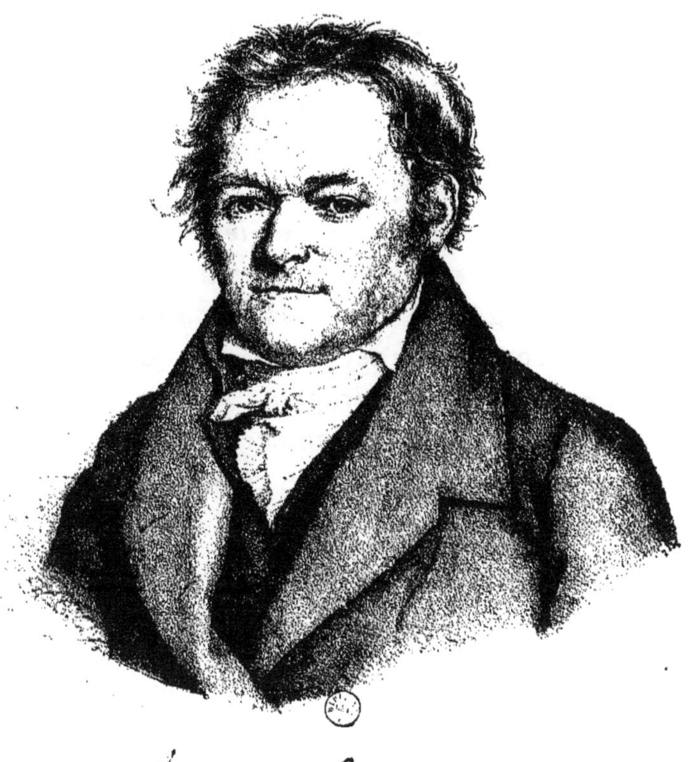

Alois Senefelder.

jour qu'en 1773, le premier drame de Schiller, *les Brigands*, qu'en 1782. Pas plus d'émulation que de public en cette période de transition.

Sur ces entrefaites, en 1791, meurt le père d'Aloïs qui devient, avant d'avoir pu terminer ses études, le seul soutien d'une mère sans fortune, mais ayant neuf enfants, dont il est l'aîné. Il a vingt ans, il vient de mordre au théâtre, il s'engage dans une troupe nomade, et, pendant deux ans, parcourt l'Europe en qualité de comédien plutôt médiocre.

De retour à Munich, choriste et figurant sur la même scène où avait brillé son père, il donne trois drames dont les titres seuls sont aujourd'hui connus, *Mathilde d'Altenstein*, *les Frères d'Amérique* et *les Goths en Orient*, et montrent quels pensers altiers occupaient l'esprit de Senefelder, à peine âgé de vingt-trois ans. Ces œuvres furent sans retentissement, et c'est précisément de ce manque de succès qu'est née la lithographie.

Pour en appeler du spectateur au lecteur, mauvais moyen fort inutile, Senefelder était bien parvenu à faire éditer la première de ses productions dramatiques mais, trop pauvre pour songer à voir jamais les trois autres sous presse et ne pouvant s'imprimer lui-même, comme l'avait fait Franklin, qui était typographe, il se mit à chercher un autre moyen, s'épuisant, sans résultats apparents, en essais pourtant ingénieux qui, de tâtonnements en tâtonnements, d'erreurs en erreurs, d'écoles en écoles et surtout d'observations en observations, finirent par l'amener au résultat final ; mais cela, à travers des années de miséreuse angoisse, du jour où il se dit : « Cherchons ? » à celui où il pût s'écrier « J'ai trouvé ! ».

Marchant dans l'inconnu, forcé d'inventer des procédés à lui, Senefelder grava d'abord des lettres en creux, comptant qu'elles lui serviraient à obtenir les mots en relief, sur le tranchant d'une latte de bois, remplacée bientôt par une pâte molle. Vaines tentatives ! Il imagina donc d'écrire sur une plaque de métal et d'y faire mordre les caractères en relief, mais le métal est cher et vite usé. L'idée lui vint alors de tenter ses essais sur les pierres d'une carrière voisine, employées pour le dallage, et qui se vendaient très bon marché. C'étaient les pierres de Solenhofen, rendues célèbres et précieuses par l'invention même de Senefelder, dont le génie fit la fortune de tout le monde, excepté la sienne.

Pour écrire sur ces pierres calco-argileuses, pesantes et spongieuses, de grain serré, faciles à polir et sur la surface unie desquelles on peut tracer aisément ce qu'on veut, il dut fabriquer une encre nouvelle, toute spéciale, dont il lui fallut trouver et combiner la composition, formule que chacun a depuis modifiée à sa guise sur tel on tel point, mais sans jamais s'en écarter beaucoup, et que voici :

Cire blanche.	100	grammes.
Savon de Marseille	50	—
Gomme laque	125	—
Mastic en larmes.	50	—
Suif épuré.	75	—
Noir de fumée.	25	—
Térébenthine de Venise.	25	—
Huile d'olive.	12	—

Cette encre, il restait à la fixer sur la pierre. Senefelder y réussit à l'aide d'un acide.

Ainsi l'on grave sur un œuf, traçant ce qu'on veut sur sa surface avec du suif et le trempant ensuite dans le vinaigre, sa coque étant de même nature que les pierres calcaires.

Après quoi, toujours inventif, ayant fabriqué un tampon

spécial pour l'encrage et construit lui-même une presse primitive mais, en somme, analogue à celles qu'on emploie encore aujourd'hui, il obtint enfin ces premières épreuves naïves, maladroites quelquefois, mais devant lesquelles on demeure profondément touché, singulièrement ému, car elles sont le tressaillement de l'éclosion, car on y sent, on y voit la naissance d'une œuvre recherchée avec une patience passionnée, préparée avec amour, obtenue avec génie. Avec génie, la part du hasard n'existant pas dans son invention, en dépit de la légende de la blanchisseuse, rééditée de Vasari à propos de Finiguerra.

Dès le début, Aloïs fait lui-même son portrait. La tête, rappelant celles de Humboldt, d'Oehlenschläger et de Gœthe, est large, puissante, volontaire et de souriante gravité, la lèvre bien dessinée, l'œil ardent, le front d'un penseur.

Bien qu'il existe dans les *Mémoires de l'Académie des Sciences* de 1728 un important *Mémoire* du savant chimiste Charles Dufay, l'un des glorieux précurseurs de Pasteur, traitant de la manière de graver en relief sur le marbre « ou sur toute autre espèce de pierre, à l'aide d'un acide », personne, avant Senefelder, n'avait songé en aucun pays à l'imprimerie chimique sur pierre et, si Albert Dürer a gravé une *Nomination de Saint-Jean* sur pierre, une pierre à rasoir, *hone stone*, actuellement au *British Museum*, ce ne fut pas en vue de l'impression.

Sans se laisser jamais abattre ni décourager par rien, se servant des obstacles comme de points d'appui, grand philosophe résigné, chercheur infatigable, Senefelder classa les mille faits à lui révélés par l'étude, groupa ses remarques, en médita, en prévit, en prépara, en expliqua catégoriquement toutes les applications possibles et sut en formuler avec précision l'exécution pratique, pour les besoins de son travail personnel inventant l'*Autographie*, cette lithographie à la portée de tous.

Mais, en attendant, les siens, autour de lui, ont faim !

On est en 1796 et tandis que le jeune Bonaparte prend l'Italie à vol d'audacieux génie, Moreau, Jourdan, Kléber, Lefebvre, Marceau, du Rhin au Danube, sont partout.

Alors Senefelder, ne voyant nulle issue à sa noire misère, obscure et avilissante, acceptant de remplacer un artilleur, se vend, moyennant 200 florins, environ 500 francs, destinés à soulager sa famille.

La lithographie est perdue !

Mais, s'il habite Munich, Aloïs est né à Prague ; or, un Bohême ne peut servir dans l'armée bavaroise et l'autorité militaire, ne ratifiant pas le marché, rend le remplaçant à ses désespoirs.

La lithographie est sauvée !

En effet, Senefelder a gravé une page, *Marche des troupes bavaroises*, pour Gleissner, compositeur distingué, directeur de la musique de la cour de Munich.

L'ingéniosité du procédé de gravure en relief sur pierre, quoique imparfait encore, et les résultats déjà obtenus ont frappé Gleissner, qui fonde un atelier pour la reproduction des planches de musique et publie tout d'abord ses propres mélodies, imprimées, dit naïvement Aloïs, « avec un succès inégal ». Un éditeur de musique, Fulger, et le directeur de l'Instruction publique de Bavière, Steiner, l'encouragent aussi.

Senefelder, aussitôt, cherche à former à ce genre de travail, des jeunes gens, habiles au dessin et à l'écriture, mais il y échoue. N'importe! Comme il a composé une encre spéciale, de même il compose un crayon et commence vraiment l'application de la lithographie chimique.

Partout et par tous il se voit accueilli, vanté, fêté.

C'est alors, en 1798, que le futur auteur de *Freyschutz*, d'*Euryanthe* et d'*Oberon*, Weber, âgé de douze ans, venu à Munich et y ayant fait la connaissance de Senefelder, pratiqua l'art de ce dernier et, de sa propre main, grava, non pas, comme on l'a dit à tort, les six premières *Fugues* à quatre parties qu'il avait déjà écrites, mais des *Variations* pour piano, l'une de ses premières inspirations musicales, occupant le n° 2 parmi les œuvres du maître.

En 1799, Steiner obtint du libéral roi de Bavière, Maximilien-Joseph Ier, pour Senefelder, un Privilège de quinze ans, et André d'Offenbach près Francfort, décida l'inventeur et son associé à venir installer chez lui une imprimerie lithographique qui commença de fonctionner.

Telle est la première partie de la vie de Senefelder, qui n'est, hélas! que la première partie de son malheur.

En cinq ans, de 1795 à 1799, il a tout trouvé.

Il a semé. Les autres vont récolter, et l'on dresserait un synchronisme douloureux des brevets impunément pris un peu partout, du vivant même de l'inventeur, pour l'application de sa propre invention, que nul ne se gêne pour lui emprunter, — comme on emprunte une montre dans la poche de quelqu'un qui n'y prend pas garde.

Rien qu'en France, on compte quinze de ces brevets, que je ne publie pas parce qu'il me semble aussi inutile de dire la vérité aux morts, qui ne peuvent l'entendre, qu'aux vivants, qui ne la veulent point écouter.

Et tandis qu'à Offenbach prospère l'industrie dirigée par Gleissner, Senefelder échoue à Londres, par suite du mauvais choix de son personnel.

C'est que Senefelder, s'il peut le plus, ne peut pas le moins. Édouard Knecht, son neveu et son élève, en attendant qu'il devienne à Paris son associé, puis son successeur, nous apprend que son oncle « n'était pas l'homme qu'il fallait pour diriger un établissement et qu'il dépensait pour ses travaux d'essai plus qu'ils ne lui rapportaient »

A la date du 11 février 1802, nous voyons Frédéric André, demeurant rue du Pont-aux-Choux, prendre à Paris un Brevet, le premier pris, pour une *Nouvelle méthode de graver et d'imprimer*, brevet successivement passé aux mains de trois personnes qui échouent en son exploitation. Cette *Nouvelle méthode* n'est autre que l'invention du pauvre Aloïs, que détroussent à l'envi tous les écumeurs de code.

A Vienne, en 1803, Senefelder produit, entre autres œuvres, des *Planches polychromes* imprimées au moyen d'une seule planche, effort entrevu par Leblond et tenté par Audebert, comme nous l'avons dit.

Intéressante à signaler, une lithographie allemande du début, *Scala*, exécutée par Lancedelly sur neuf pierres donnant neuf couleurs.

Ici, quelques faits à noter.

En 1804, à Paris, rue Saint-Sébastien, n° 24, Pierre Nolasque Bergeret, de Bordeaux, né en 1782, l'un des premiers à pratiqner chez nous la lithographie, dessine, pour un brevet d'invention lithographique — toujours !

— un *Mercure,* in-8° oblong, qui peut être considéré comme la première lithographie artistique française

En 1805, le général baron Louis-François Lejeune, né en 1776, colonel au corps impérial du génie, aide de camp du prince vice-connétable, créé baron de l'Empire le 6 octobre 1810 et mort, en 1848, directeur de l'école des Arts de Toulouse, le baron Lejeune, retour d'Austerlitz, une promenade ! et passant par Munich, y dessine, chez Senefelder, le croquis, demeuré célèbre, d'un *Cosaque* de fort grande allure, qui fait date en l'histoire de l'art dont nous nous occupons et qu'a signalé le premier M. Aglaüs Bouvenne, dont l'érudition n'est jamais en défaut et qu'il faudrait citer toujours.

Senefelder qui, en 1807, signe un Traité de trois ans avec le baron d'Arétin, poursuit la réalisation de l'impression lithographique des papiers de tenture et des toiles, mais, au moment où il s'occupe de fonder des établissements à Augsbourg et à Francfort, il s'y voit devancé par un de ses anciens élèves, Charles Strohofer, lequel s'est tranquillement installé à Stuttgard, grâce à l'argent d'un riche commerçant du nom de Cotta.

En 1810, l'inventeur, toujours impunément spolié, se trouve absolument ruiné. Le roi de Bavière le nomme alors Directeur de l'atelier lithographique adjoint au service du Cadastre, prétexte à une pension qui lui fut servie toute sa vie durant.

De cette année 1810, exécuté en Allemagne, un *Napoléon le Grand* de profil extraordinairement dur, signé Jun. Scohoenche, et un *Blücher* de belle brutalité, signé Daehling.

Aloïs commence, en 1814, à chercher une composition

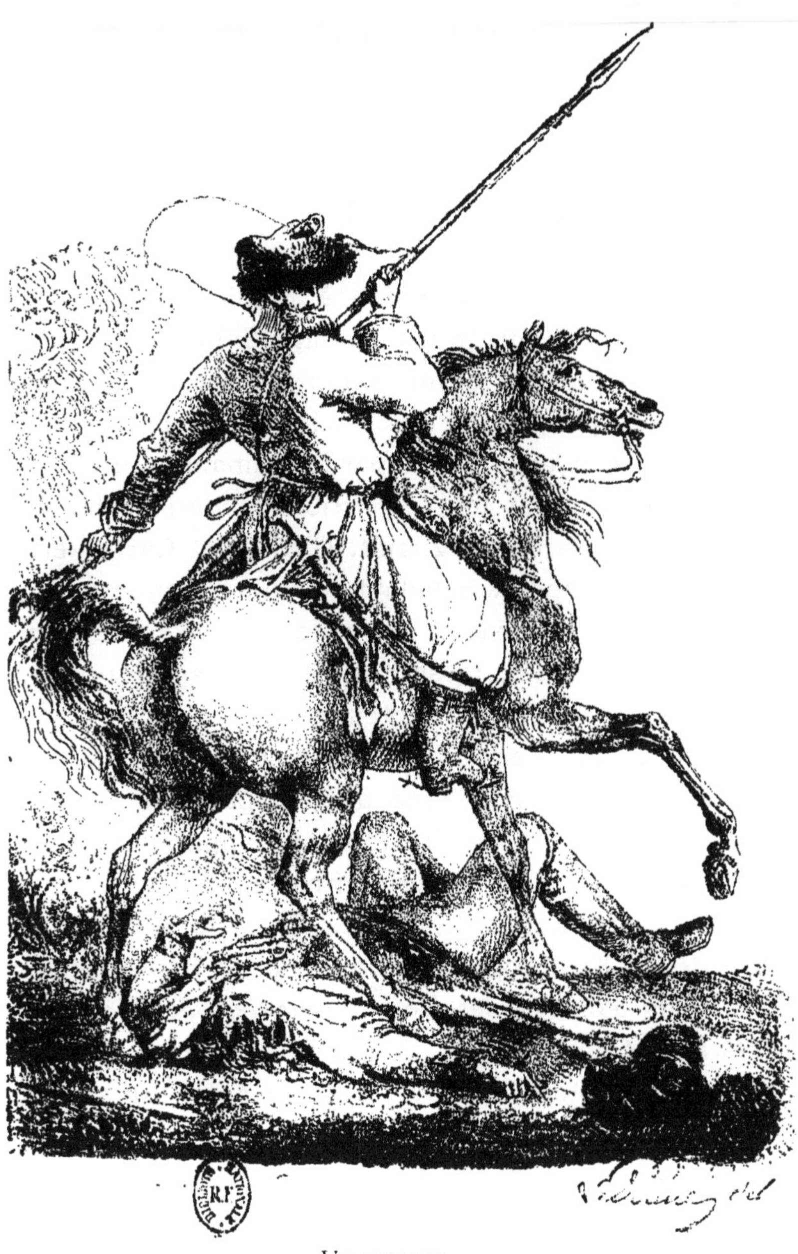

Un cosaque.
Lithographie exécutée à Munich par le général Lejeune, en 1805.

pouvant remplacer la pierre et dont il ne trouvera la formule qu'en 1822, après huit ans de travail acharné.

Le lundi de Pâques 15 avril 1816, le comte Charles-Philibert de Lasteyrie, né en 1759 à Brive-la-Gaillarde, et qui, en 1812 et 1814, avait fait à Munich deux voyages d'études spéciales, inaugure, passage Sainte-Marie (à peu près où passe la rue Saint-Simon), le premier établissement lithographique de Paris. Le second est créé, cité Bergère, au mois de juin suivant, par Engelmann qui, le 3 août, présente à l'Institut une collection de dessins lithographiques exécutés par Regnault, Girodet et Carle Vernet.

Pendant ce temps-là, Senefelder publie à Vienne quelques planches en couleur parmi lesquelles la *Foire de Bulgarie*, pièce importante ne mesurant pas moins de 1m,50 sur 1 mètre et imprimée en onze teintes.

Partout est établie la lithographie, à Londres par Akerman, à Dusseldorff par Arnz, à Rome par Dall-Armi.

En 1817, pour la première fois, elle apparaît au Salon, où Engelmann et de Lasteyrie envoient des travaux exécutés chez eux, Géricault fait ses *Bouchers de Rome*, première de ses 80 lithographies, et Charlet publie ses premiers chefs-d'œuvre, *les Deux Grenadiers de Waterloo* et *la Mort du Cuirassier*.

En 1819, à Madrid, Goya s'essaie à la lithographie. Étant à Bordeaux en 1825, il y exécutera plusieurs pièces importantes, parmi lesquelles ses *Taureaux de Bordeaux*, très admirés par Delacroix qui, touchant l'Andalousie en 1832, « y voit tout Goya palpiter autour de lui » et qui, d'ailleurs, avait, chez son père, été frappé dès le jeune âge par le portrait d'un ami et collègue de celui-ci à la Convention, Ferdinand Guillemardet, peinture du maître espagnol maintenant au Louvre. Ajoutons que, dans le procès de Louis XVI, Delacroix père, alors Lacroix-Constant, l'un des dix représentants de la Marne, et Guillemardet, l'un des onze de Saône-et-Loire, votèrent tous deux *la mort*. De là, peut-être, vient que dans tout l'œuvre de Delacroix l'homme est implacablement poursuivi par la fatalité. Qui sait ?

Mais revenons à Senefelder. Celui-ci, que la guerre avait empêché de venir à Paris en 1810, y arrive en 1818 avec sa famille. Il demeure d'abord rue de Bourbon, 11, puis établit, au 13 de la rue Servandoni, une imprimerie que dirige son neveu Knecht, tandis qu'il écrit son *Art de la lithographie*, dont la première partie seulement fut publiée, en 1819.

Joseph-Rose Lemercier, né à Paris le 6 juillet 1803, et alors âgé de seize ans, devient l'apprenti de Senefelder, qu'il voit tout d'abord essayer du fer et du zinc pour remplacer la pierre et, le 22 février 1819, prendre un brevet pour *Procédé de fabrication et emploi de pierres artificielles propres à imprimer*, dit *Papyrographie*, dont les résultats n'arrivèrent jamais à le satisfaire.

Le temps passe ; les jours, les mois, les années s'écoulent sans amener autre chose que des déboires à celui-là qui voit partout son idée, exploitée autour de lui, prospérer aux mains des autres. Le courage et les forces lui manquent. En 1824, il retourne à Munich pour y mourir à soixante-trois ans, le 26 février 1834, frappé de cécité depuis le mois de janvier, ayant de si complète façon réalisé sa conception qu'après lui, on n'a plus qu'à perfectionner.

III

UN ART NOUVEAU

Et c'est rare, sous le soleil, quelque chose de nouveau, surtout quand c'est un art. Demandez plutôt à Salomon !

« Si l'imprimerie et la gravure venaient à disparaître, la lithographie pourrait les remplacer toutes deux, » a dit un savant vulgarisateur humoriste ayant gardé l'anonyme. « Tout ce qui se fait sur le cuivre, à l'eau-forte, au burin, à la pointe sèche et sur bois, peut se faire sur la pierre avec une économie de plus de moitié sur le temps et l'argent, » a dit Ambroise Jobard, lauréat du concours international ouvert en 1828 pour récompenser les lithographes ayant le mieux fait progresser leur art.

Pour se rendre compte de tout ce qui touche à cette intéressante découverte, le moyen le plus clair est de suivre la pierre de terre en presse. C'est ce que nous allons faire.

Les meilleures pierres lithographiques, calco-argileuses, pesantes et spongieuses, et qui se rencontrent par couches d'une épaisseur égale, — on dirait les piles entassées d'une bibliothèque géante — sont de composition analogue aux pierres où se retrouvent des empreintes racontant les révolutions du globe Des bancs compacts avec végétaux fossiles ont été exploités à Châteauroux, près de Lyon, dans le Loiret, le Nivernais, la Vendée, pour pierres lithographiques, de sorte que la nature peut être considérée comme le premier des artistes lithographes.

La géologie, science à côté de laquelle a passé Hérodote, qui rapporte avoir vu certaine pierre où se distinguait nettement l'empreinte d'un pied, — qu'il ne manque pas d'attribuer à un dieu — science affirmée et précisée par Bernard Palissy, grand artiste et prodigieux penseur

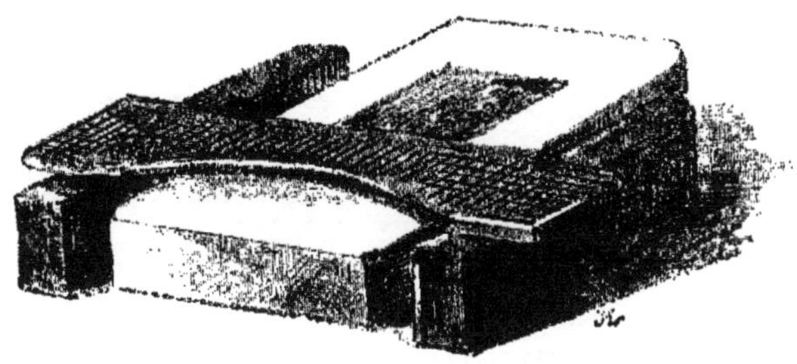

Appui-main pour l'exécution d'un dessin sur pierre.

— se rencontrant en cela avec Léonard de Vinci, autre génie universel — la géologie, cette généalogie de la terre, est donc en même temps comme la généalogie de l'art lithographique.

« Si les pierres, dit Palissy, avaient été créées dès la fondation du monde, et qu'il ne s'en fît plus, on n'en pourrait plus trouver à présent, » juste conception de la nature, cette grande recommenceuse, et bien faite pour nous rassurer sur l'avenir.

Toutes les fois qu'une pierre est en partie soluble aux acides, a dit Bregeant en son *Manuel* de 1827, qu'elle prend l'eau avec facilité, et que, par conséquent, elle s'imbibe aisément de substances grasses, qu'elle est dure, sans trous ni fissures, elle peut être employée pour la lithographie.

Celles vraiment propres à cet usage se reconnaissent aux qualités suivantes : leur pâte est fine et homogène ; leur couleur, blanche et uniforme, est légèrement teintée de jaune.

La pierre calcaire de Solenhofen, qui servit à Senefelder, et, jusqu'à présent, réputée la meilleure, est ainsi composée :

Carbonate de chaux	97,22
Silice	1,90
Oxyde de fer	0,46
Alumine	0,28
Pertes	0,14
	100,00

mais il s'en trouve ailleurs. En 1828, M. Serres, et, en 1827, M. Doucet-de-Mont, furent récompensés pour découverte et exploitation de carrières de ces pierres dans les Basses-Alpes et dans le Jura, et il en est dans la Côte-d'Or, le Tarn-et-Garonne, la Dordogne et l'Hérault où celles des Euzes près Gorniès, exploitées par M. G. Lacan, sont justement appréciées. Il en est en Algérie, près Batna. Malheureusement, les capitaux se refusent à cette spéculation, certaine, mais nationale ! Il en est aux Indes et l'on s'étonne vraiment de ne pas voir les Anglais y faire, de gré ou de force, travailler leurs *sujets* asiatiques.

La pierre, extraite de la carrière, subit d'abord l'opération du *dressage* dont le but est d'arriver au parallélisme des surfaces, puis du *grainage*, qui s'obtient par le frottement de deux pierres l'une contre l'autre et entre lesquelles est du sable mouillé, plus ou moins gros selon le grain qu'on veut obtenir.

Les aspérités de ce grain, qui donnent sous le doigt l'impression d'une lime très fine, ont, au soleil, l'apparence de montagnes lilliputiennes.

Veut-on effacer entièrement un dessin fait sur la pierre, on la *ponce*, la rendant absolument lisse ; après quoi, on

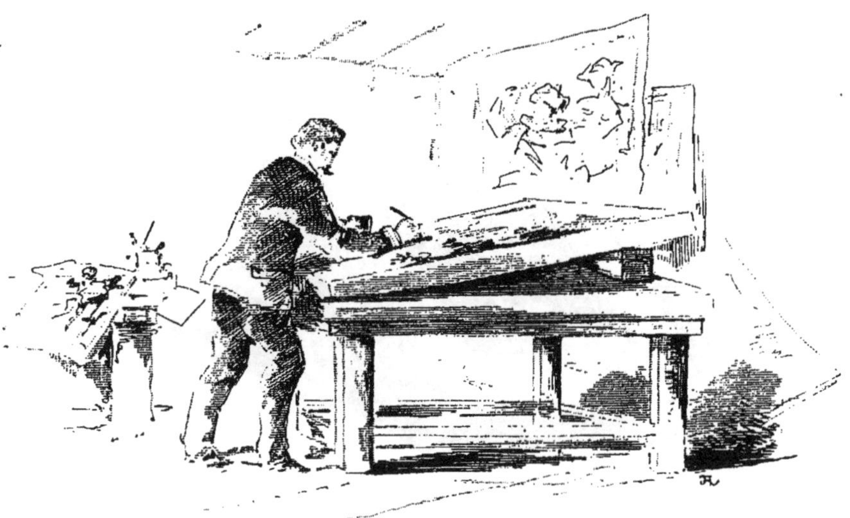

Exécution sur pierre d'une grande composition.

la graine à nouveau pour la rendre propre à recevoir une autre image.

Mais il se peut, a dit Belfond, le fait, même, se produit assez souvent, il se peut que, pour une raison ou pour une autre, un artiste ait besoin d'enlever, sur une lithographie déjà très avancée, une petite portion de son dessin.

Il est alors deux moyens qu'on a coutume d'employer : ou l'on graine sa pierre à sec, puisqu'on est dans l'impossibilité d'y mettre de l'eau, où l'on se sert d'essence de térébenthine pour faire disparaître la partie à recommencer.

Or, de ces deux moyens, aucun n'est bon, le premier laissant sur la partie enlevée un grain beaucoup plus gros, le second laissant toujours sur la pierre un voile gras qui apparaît avec une cruelle netteté sur l'épreuve.

Le meilleur procédé consiste donc à prendre de la benzine rectifiée, que l'on verse sur un linge fin et très propre avec lequel on frotte légèrement une première fois la partie

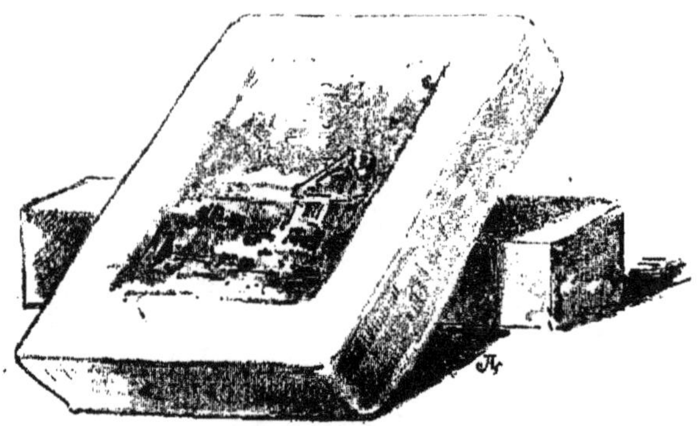

Dessin au crayon sur pierre lithographique.

que l'on se propose de refaire. La benzine fait dissoudre immédiatement toutes les parties grasses et cireuses du crayon. Alors on frotte une seconde fois à sec avec la térébenthine à l'aide d'un autre linge pareillement fin et très propre ; la pierre reprend sa teinte normale sans que le grain en soit aucunement altéré et, point important, il n'y reste nulle trace du redoutable voile.

Comme tout s'use, la pierre, naturellement, s'amincit peu à peu. L'union faisant la force, on la *double* alors d'une autre pierre pareillement usée, soudure qui se fait à la chaux et au silicate ou au plâtre.

Si le peintre est en possession des couleurs variées du prisme, l'artiste lithographe, en Angleterre, justement nommé *a writer on stones*, « l'écrivain des pierres, » n'a pour toute palette que son crayon, son pinceau, à lui, à l'aide duquel il doit obtenir, avec le seul Noir et Blanc, les mille nuances de tous les tons, car, disons-le, son art est un art de dessinateur, à tort classé dans la gravure, la morsure n'y intervenant que pour *fixer* ce qu'il a tracé sur la pierre au grain transparent, laquelle n'est, don de la nature, qu'un papier supérieur, le roi des papiers.

Ce crayon a été ainsi dosé par Senefelder,

Cire blanche	100	grammes.
Savon de Marseille	400	—
Gomme laque	300	—
Mastic en larmes	500	—
Suif épuré	600	—
Noir de fumée	100	—

formule n'ayant que peu varié aux mains de Lemercier, son élève, et de Vanhymbeeck, fidèle gardien de la classique tradition.

Au lithographe, il ne faut, outre son crayon, qu'un outillage des plus simples. Pour obtenir les blancs, il emploie *grattoir* et *pointe sèche*, essuyant sa pierre avec le *blaireau* et la séchant avec un *éventail*. Au-dessus de l'établi où il travaille, s'aidant d'une *loupe*, il lui faut encore une *glace* et, pour préserver d'humidité et de poussière, pour emmailloter sa pierre exigeant autant de sollicitude, de précaution et de petits soins qu'un enfant, une couverture de flanelle. Une des précautions dont le souci, dit encore Belfond, doit préoccuper quiconque surtout a un travail long à exécuter, est d'éviter le frottement de la flanelle sur la pierre.

En effet, la flanelle, sur laquelle s'appuie l'artiste, prend le gras du crayon et, par suite du mouvement occasionné par le bras, arrive à produire sur la pierre un travail d'estompe qu'il est ensuite presque impossible de faire disparaître. En effet, si la partie supérieure du dessin vient bien au tirage, le bas, qui, fait en dernier et plus sous l'avant-bras de l'exécutant, a été frotté davantage et plus longtemps, vient voilé et mou, avec des noirs manquant de brillant, de vigueur, de beauté.

Mais ce qu'il faut éviter surtout, c'est de se servir d'une flanelle ou étoffe quelconque ayant été *savonnée*, car le savon, déposant son infinitésimale poussière sur le dessin, y fait office de crayon lithographique *blanc*, ce qui produit les accidents les plus bizarres.

Pour le commerce, où les épures, cartes, plans, écritures, etc., bénéficient d'une exceptionnelle et précieuse netteté, on a recours au *Report*, manière de lithographie à la portée de tous et qui consiste à *décalquer* sur des pierres, de qualité inférieure, le dessin, fait sur papier spécial, dit *papier autographique*, inventé par Senefelder, dont la formule est la suivante,

Gomme adragante	16	grammes.
Colle forte.	32	—
Gomme gutte.	16	—
Blanc d'Espagne ou de Meudon	125	—
Plâtre blanc éventé.	16	—
Amidon cru.	32	—

et qui, songeant surtout à l'industrie, a dit : « Cette

manière est tout à fait particulière à l'imprimerie chimique, et je suis porté à croire que c'est ce qu'il y a de plus important dans ma découverte. »

Mais le report ne saurait être employé pour la lithographie d'art. Ce procédé est quelque chose comme un baiser,

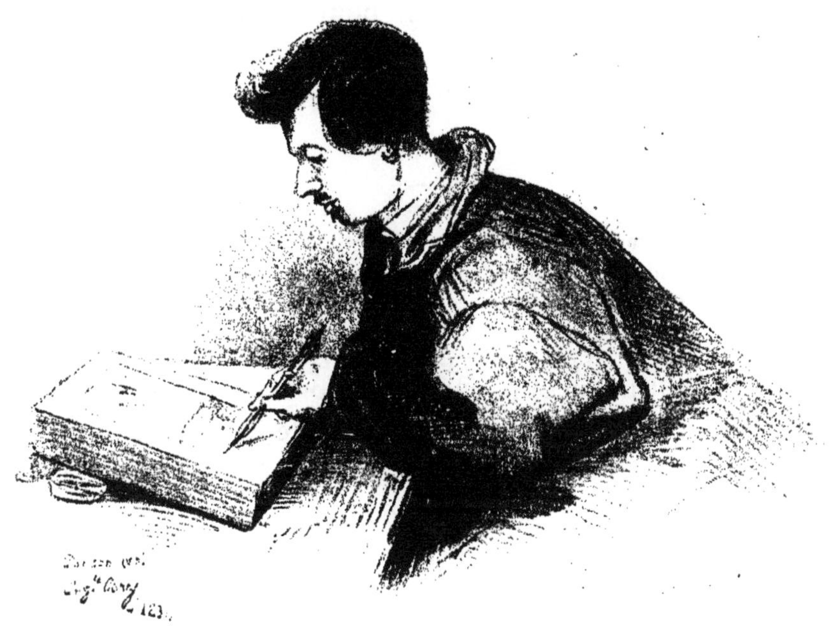

Raffet lithographiant.
Lithographie de Bry, d'après un dessin de Théodose Burette.

mais un baiser sur une glace, ce qui ternit toujours un peu le verre, autrement dit, ce qui, forcément, produit écrasement du trait, quelque précaution qu'on prenne, inconvénient grave qui n'existe naturellement pas dans le travail direct de la main sur la pierre, seul genre de lithographie méritant véritablement ce nom, qui peut devenir un titre de noblesse.

La pierre, posée sur la presse, presse à peu près identique aujourd'hui, malgré des perfectionnements de détail, à celle fabriquée par Senefelder lui-même, les deux grands soucis de l'artiste chargé du tirage sont l'encre et le rouleau.

Voici la formule de Senefelder pour cette encre :

Cire blanche	100	grammes.
Savon de Marseille	50	—
Gomme laque	125	—
Mastic en larmes	50	—
Suif épuré	75	—
Noir de fumée	25	—
Térébenthine de Venise	25	—
Huile d'olive	12	—

dosage variant beaucoup, car, dit un proverbe professionnel, « A chacun sa cuisine ». La formule de l'encre autographique, plus molle avec les mêmes éléments, est la même que celle du crayon, donnée plus haut.

Quant aux rouleaux, ayant arraché ce cri à Senefelder : « Qui donc me délivrera des rouleaux de cuir ! » et dont C. Doyen a dit qu'ils étaient l'âme de la lithographie, très perfectionnés aujourd'hui, ils consistent en un *cylindre* de bois entouré de *bourres de flanelle* recouvertes de *peau de veau* et doivent être à la fois élastiques et adhérents. Mais ce qui donne surtout au rouleau sa valeur, c'est la main qui le tient et le conduit.

Ambroise Jobard, que nous avons cité déjà, a très clairement résumé la théorie de la lithographie en ces quelques lignes où elle est tout entière : « Tracez, dit-il, sur une pierre, à l'aide d'un corps gras ou bitumeux, un dessin quelconque; décapez avec un mélange d'acide et de gomme, humectez votre pierre avec une éponge et, pendant qu'elle est imprégnée d'humidité, passez sur le tout un rouleau enduit d'encre d'imprimerie; il s'établira bien vite une adhérence entre le corps gras du rouleau et le corps gras du dessin, tandis que l'humidité, qui couvre le reste de la planche, s'opposera à l'adhérence du noir gras du rouleau sur le fond de la pierre. »

Il faut tout cela pour arriver à obtenir la Belle Épreuve, cet oiseau rare. Il faut cent autres choses encore, mais, bien entendu, nous ne procédons ici que par ensembles, à grands traits, la profusion des détails techniques ne pouvant rien apprendre aux praticiens et risquant fort de dérouter ceux qui ne sont point initiés à ce travail délicat.

IV

L'AGE DE PIERRE

En possession de la pierre et du crayon gras, nos artistes, tragiques, émus ou spirituels, vont faire de la découverte allemande un art français. Parcourir leur œuvre, c'est conter l'histoire du siècle.

Le *Mercure* de Bergeret et le *Cosaque* du baron Lejeune signalés, Vivant-Denon, qui, après avoir su être l'ami de Louis XV, de Marat et de Napoléon, mourut directeur général des Musées, mérite de se voir nommé tout d'abord comme initiateur et propagateur de la lithographie en notre pays où il la mit si bien à la mode qu'il en donna le goût aux princes du sang et aux jolies femmes et, conséquemment, aux courtisans des premiers et des secondes, c'est-à-dire à tout le monde. Ce fut une rage, un délire ; la lithographie était lancée.

Né en 1747, mort en 1825, Vivant-Denon est une intéressante figure. Son premier essai, daté du 15 novembre 1809, et fait à la lithographie royale de Munich, alors dirigée par Senefelder, et représentant des enfants jouant sous l'œil maternel, est d'une jolie grâce. Sa *Visite*, scène à trois personnages, sa *Jeune femme lisant* et sa *Famille Denon*, datée de 1817, sont d'excellentes lithographies. Pour son *Œuvre originale*, collection de 317 eaux-fortes dessinées et gravées par lui, elle forme l'album le plus complet et le plus varié pour l'étude de ce genre de gravure. Editée en 1873, à Paris par Barraud, en deux volumes

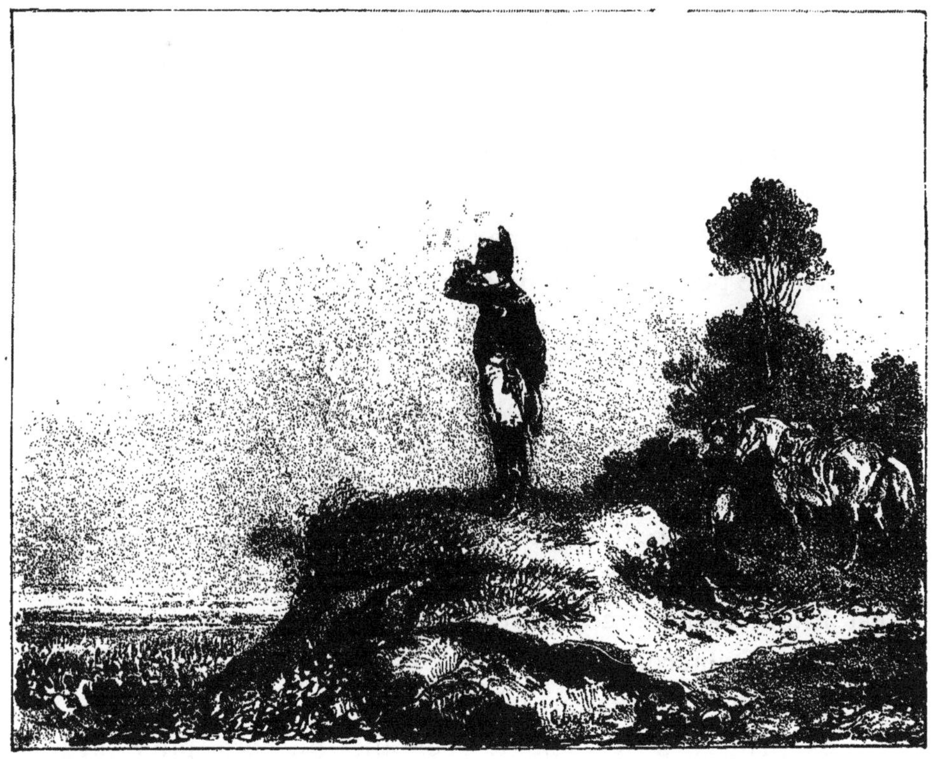

Napoléon. — Lithographie de Charlet tirée de l'*Alphabet moral*, 1835.

in-folio, elle contient une préface très détaillée d'A. de la Fizelière sur la vie, les relations, et le talent du spirituel auteur de *Point de lendemain*.

Chroniqueur au crayon, J.-F. Bosio, frère du sculpteur, pouvait, dès 1802, montrer *les Musards de la rue du Coq* arrêtés devant la boutique de Martinet, et Carle Vernet, les *Amateurs* attroupés à la devanture de Delpech, qui, avec Basset et Depeuille, furent des principaux marchands d'estampes de la capitale.

Horace Vernet ose la première de ses 200 lithographies, *le Lancier en vedette*, acte de naissance de la lithographie en France ; Chrétien dessine un portrait du *Duc d'Orléans*, plus tard roi des Français, enseignant la géographie en Suisse ; Hippolyte Lecomte, un réaliste et simple *Naufrage de la Méduse*, intéressant à comparer avec la toile *déjà* romantique de Géricault, par des scènes modernes familiarisant le public avec l'art nouveau. Vigneron, le peintre du *Convoi du pauvre*, d'une page prise sur l'instant, sans rien de conventionnel ni d'emphatique, illustre la mort du duc d'Orléans et, rappelant le terrifiant croquis de David saisissant au passage le hautain profil de Marie-Antoinette menée à l'échafaud, après Horace Vernet qui l'avait dessiné à la Chambre des Pairs, le novateur Henriquel-Dupont dessine *Louvel*, le 8 juin 1820, sur la place de Grève et il est intéressant de comparer son crayon avec la lithographie que Delacroix fit un an après l'exécution de l'assassin, dont les traits l'avaient frappé.

Les princes s'en mêlent. L'enfant qui sera plus tard Henri V, François d'Orléans, la princesse Marie s'adonnent à la lithographie. Quoi d'étonnant ? En 1587, Marie de Médicis, à quatorze ans, n'a-t-elle pas fait un bois, *Jeune fille florentine*, dont la Bibliothèque nationale possède une épreuve derrière laquelle Philippe de Champaigne a écrit : « Ce vendredi 22 de feburier 1629, la reyne mère Marie de Médicis m'a trouvé digne de ce rare présent fait de sa propre main. »

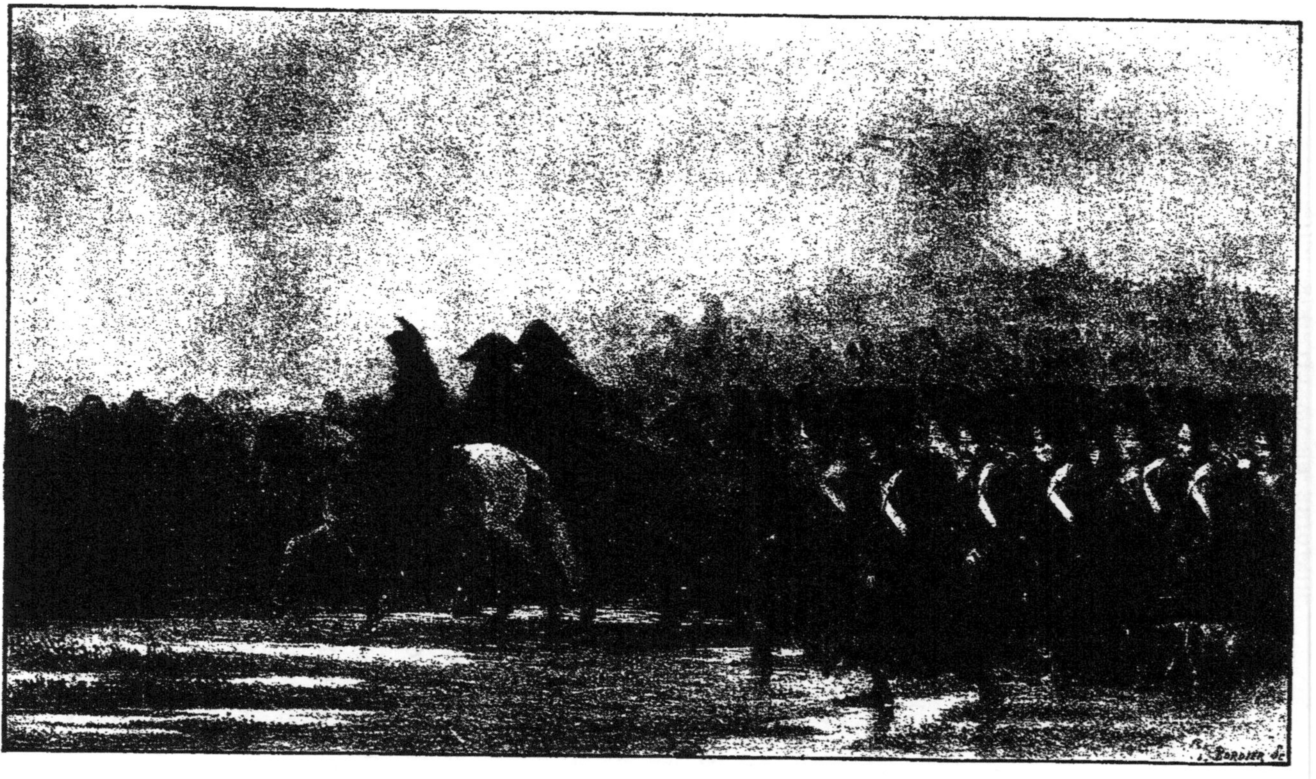

« Ils grognaient... et le suivaient toujours ! » — Lithographie de Raffet. 1836.

Les peintres, Prud'hon, Carle Vernet, Isabey, Girodet Trioson, baron Gros, Guérin, Hersent, Al. Fragonard, Géricault, Horace Vernet, tous ceux d'alors, les maîtres et les élèves, les anciens et les jeunes, confient leur pensée, savante ou fougueuse, au moyen nouveau, consécration préparant l'éclosion du nouvel âge de pierre.

Mais en voici le premier grand maître.

Né en 1792, en même temps que la *Marseillaise*, Nicolas-Toussaint Charlet, enfant du peuple de Paris, après avoir débuté, nous l'avons noté, en 1817, dessinera plus de douze cents lithographies, créant *le Grognard*, type inoubliable, montrant les humbles et les petits enfants en une suite de précieux albums où l'esprit de la légende commente la vérité des attitudes.

En voyant son *Aumône*, Gros, son professeur, s'écrie : « Je voudrais avoir fait cela ! » Géricault l'appelle le La Fontaine de la peinture et Delacroix ne lui marchande pas l'admiration en sa belle étude, publiée, le 1er juillet 1863, dans la *Revue des Deux Mondes*.

« Les types de Charlet, dit-il, sont de ceux qu'on n'oublie point, et la variété en est infinie. Il n'a jamais répété ni la même tête ni le même ajustement. Qui croirait qu'en ne représentant que des soldats, des ouvriers, des gamins de Paris, il ait pu trouver dans la tournure et dans le costume des différences aussi frappantes ? Dans ces dessins, le dragon ne ressemble ni au lancier ni au grenadier ; il semble qu'ils aient tous la physionomie de leur arme, comme ils en ont l'uniforme. Loin d'être des caricatures, ce sont de véritables portraits auxquels il ne manque qu'un nom : encore lui arrive-t-il quelquefois de leur en donner un de sa façon dans sa spirituelle légende, afin de les faire vivre tout à fait.

« Son talent n'avait point eu d'aurore; il est arrivé tout armé, pourvu de ce don d'imaginer et d'exécuter qui fait les grands artistes. Il a même cela de remarquable, que la première période de son talent est celle où ce talent est le plus magistral. Dans des sujets aussi simples et, ce qu'il y a de plus difficile, dans la représentation des scènes vulgaires, dont les modèles sont sous nos yeux, Charlet a le secret d'unir la grandeur au naturel. En parcourant cette suite de magnifiques dessins qui ont marqué surtout la première époque de son talent, on cherche involontairement ce qu'on peut lui préférer chez les plus grands maîtres sous le rapport de la simplicité de la conception et de l'ampleur du dessin. L'illustre Gros, pour qui il professait tant d'admiration, avait déjà donné l'exemple de cette grandeur et de cet idéal dans les figures militaires de ses vastes tableaux. Charlet retrouve ces mérites dans de simples dessins, mais avec infiniment plus de naturel et de vérité. »

Charlet, simple, dit le soldat, la vie des camps; Raffet, épique, le héros et le tumulte des batailles; le premier, souriant, faisant songer à la chanson de Béranger; le second, plus grave, à la strophe d'Hugo, car il fixe à jamais l'épopée impériale avec *le 5 mai*, avec le *Réveil*, avec la *Revue nocturne*, pages toutes frémissantes d'immortalité, où l'on sent le souffle de la patrie.

Tous deux ont leur statue, celle de Raffet, due à Frémiet, aux jardins du Louvre; celle de Charlet, due à Alexandre Charpentier, au square Denfert-Rochereau.

Eugène Delacroix a signé cent neuf lithographies, merveilles illustrant *Hamlet* et *Faust*, Shakespeare et Gœthe, et aussi Dante, Le Tasse, Arioste, Byron, Walter Scott, Robert Burns et encore Dumas père et George Sand, sans compter des portraits, des scènes algériennes, des études d'animaux et de fleurs du plus haut intérêt.

Incompris, ou plutôt trop compris des jalousies, Delacroix, qui se débattit toute sa vie contre les volontaires partis pris de la médiocrité, exécuta ses lithographies, il l'a dit lui-même, pour essayer de faire comprendre sa peinture, et ses tableaux pour essayer de faire comprendre ses lithographies.

Les dix-huit chefs-d'œuvre illustrant *Faust* ont fait dire à Gœthe que tout, dans ces compositions, était « vivant et reculé au delà des bornes de l'imagination », définissant d'une phrase, l'art, le génie de Delacroix.

On peut d'ailleurs appliquer à Delacroix ce qu'il a lui-même dit de Prud'hon qui, « peintre d'abord, sur un champ auquel il donne avant tout la profondeur, dispose des groupes entourés d'air et de lumière, s'attaquant à la plus grande difficulté de son art, qui est d'obtenir la saillie ».

Du *Maréchal Ferrant*, note à part dans l'œuvre lyrique de Delacroix, daté de 1853, mine de plomb qui est au Louvre, merveille de naturel, E. Chesneau a pu dire justement : « A coup sûr, Charlet n'eût pas fait mieux. »

Charlet, Raffet, Delacroix ont fait de la lithographie purement artistique.

L'art nouveau va servir à la presse et être servi par elle.

Divers journaux fantaisistes se fondant, où le crayon sera le grand élément d'opposition politique, assez timidement d'abord sous la Restauration puis, avec une incroyable audace sous la monarchie de Juillet, dans la *Caricature*,

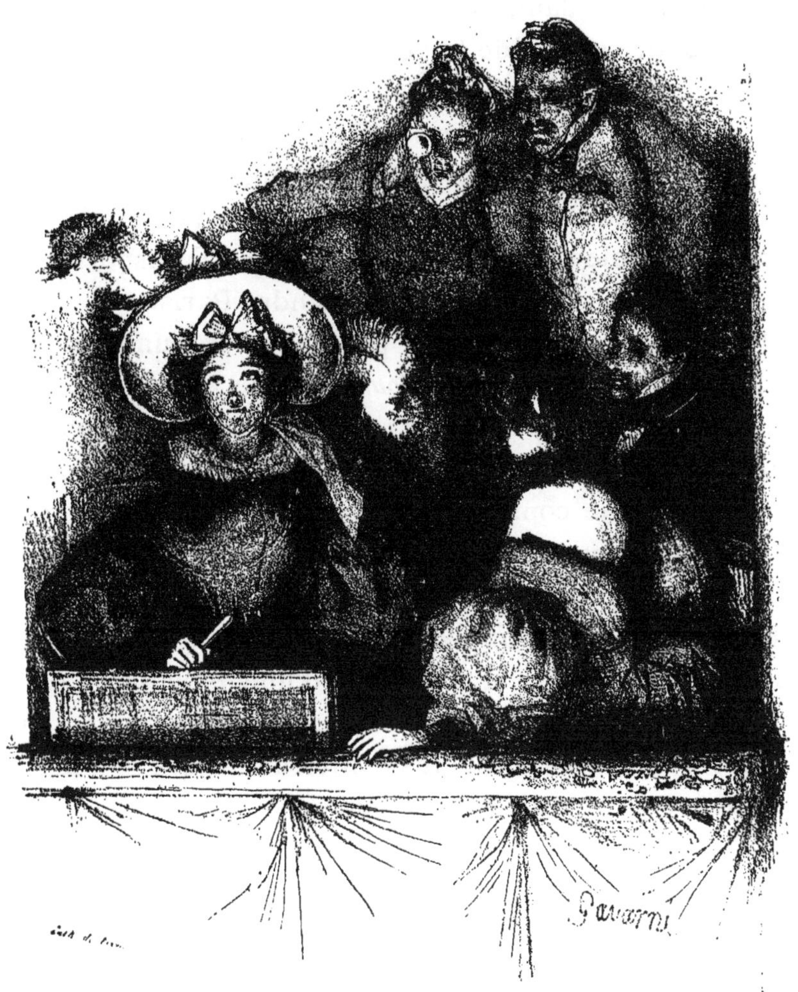

Une loge à l'Opéra. — Lithographie de Gavarni. 1831.

dans le *Charivari*, dans le *Journal pour rire*, dans le *Journal amusant*, Philipon fera une guerre acharnée à Louis

Philippe, grâce au talent varié de ces grands ironistes : Daumier, Gavarni, Grandville, Traviès, Pigal, Cham, etc.

Gavarni, mondain, raille; Daumier, populaire, frappe ; le fin scepticisme guide la verve du premier ; la rude indignation conduit le crayon justicier du second.

Gavarni dont les premiers dessins parurent chez Eugène Blaisot, le comédien du gymnase qui, en même temps, était marchand d'estampes, Gavarni a créé l'esprit du boulevard, ce boulevard dont Balzac a dit : « Transportez-le à Odessa et en six mois Odessa deviendra Paris. »

Il publie chaque jour ces profondes et humoristiques séries, *Masques et visages*, *Fourberies de femmes*, *Actrices*, *Muses*, *Partageuses*, *Gens de justice*, *Éloquence de la chair*, *Enfants terribles*, *Thomas Vireloque* et tant d'autres où vit toute l'humaine comédie. La légende, que Charlet a osée le premier, vivante, prise sur le vif, résumée, Gavarni l'amène à la perfection.

Penseur doublé d'un mathématicien, d'un algébriste, il donne à sa phrase la précision d'une équation et, dit Sainte-Beuve, sa légende a cours comme de la monnaie.

C'est que Gavarni est aussi littérateur que peintre et que son texte en dit autant que son crayon. Sa phrase, nette, coupante, incisive, toute particulière, a doté la pensée d'une forme nouvelle ; ses mots, typiques, sont devenus comme historiques et sauront nous raconter à l'avenir plus fidèlement que bien des gros volumes.

Il a créé la *Lorette*, comme Paul de Kock a créé la *Grisette*, comme Dumas fils a créé le *Demi-Monde*, qui, certes, existaient avant eux, mais dont ils ont dégagé l'inconnu, exprimé la formule. Son dessin, un peu lâché, mais d'indication juste et toujours élégante, fait songer aux si vivantes pages de Constantin Guys, le Gavarni d'outre-Manche. Quelqu'un a dit : « Je préfère *les* dessins de Gavarni à *ceux* de Daumier, mais je préfère *le* dessin de

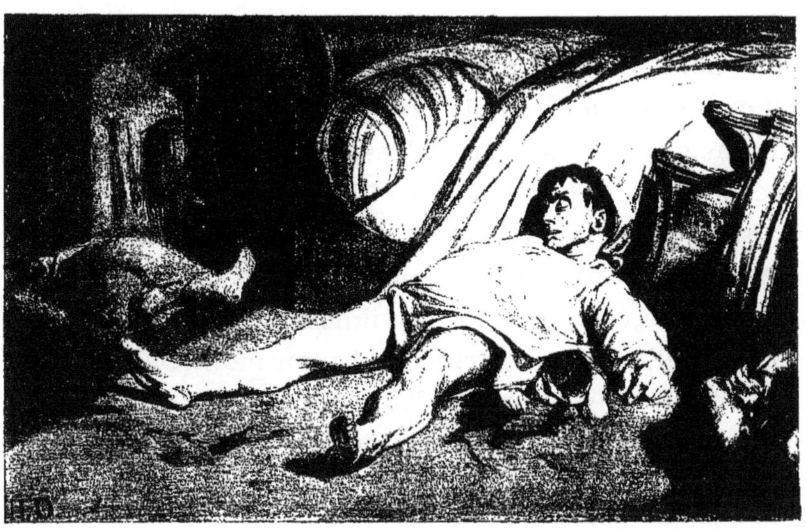

Daumier. — La rue Transnonain, 15 avril 1834.

Daumier à *celui* de Gavarni. » Très juste appréciation du talent si essentiellement différent de ces deux créateurs.

Daumier imagine, saisissants plaidoyers, la *Rue Transnonain*, page admirable et souveraine, le *Ventre législatif*, le *Rentier des bons royaux* et, sous le régime de l'intrigue et de l'argent, ose cet aristophanesque *Robert Macaire* que Frédérik Lemaître incarnera sur la scène.

Peintre dont les savants jeux de couleur et de lumière ont parfois évoqué assez justement le ressouvenir de Delacroix dont il a aussi l'audace, la combativité, l'énergie, Daumier est un maître. Jamais la férocité dans la caricature n'alla plus loin ! il poussa la charge jusqu'à la torture. Sous son fouet, le sang gicle. On sent grésiller les chairs.

A Louis-Philippe la poire d'angoisse.

La charge avait montré Charles X sous les espèces d'un « pain de sucre », elle résuma le roi-citoyen sous la forme d'une « poire ». Pour le roi et les politiciens d'alors, c'est la Question, la Question du crayon !

La censure, établie pour le dessin le 27 août 1835, a supprimé la *Caricature*, fondée par Philipon ; mais le *Charivari* est né le 1er décembre 1832, et la guerre continue avec un tel succès pour la petite feuille que, le 18 février 1837, elle paraît agrandie, avec sa vignette de titre actuelle.

A Grandville revient la chance d'avoir montré à temps le Jérôme Paturot, le bourgeois fou créé par Ch. Reybaud. Du même artiste, les *Métamorphoses du jour* où il fait parler les bêtes, et aussi les *Petites misères de la vie humaine*, où il fait parler les sots.

Pour dire, comme Polichinelle, ce bossu, la vérité en riant, Traviès exécute mille variations sur le personnage de *Mayeux*, personnage en réalité créé par Bazin de Rançon, type national imaginaire, né le 14 juillet 1789 et qui, suivant notre assiette politique, s'est successivement appelé Messidor-Napoléon-Louis-Charles-Philippe-Dieudonné Mayeux. De Traviès aussi, *Liard, chiffonnier philosophe*, dont s'emparera Félix Pyat pour Frédéric-Lemaître et dont le neveu, tenu sur les fonds par Gavarni, aura nom *Thomas Vireloque*, personnage revendicateur dont la vogue immense démontrait que la lie commençait à monter et que l'amour du laid se développait chez nous avec frénésie.

Et, avec le *Joseph Prudhomme* d'Henri Monnier, cet amour de la platitude qui, sous prétexte d'observation, ne s'est attaché qu'aux petitesses, aux vilenies et à la sottise.

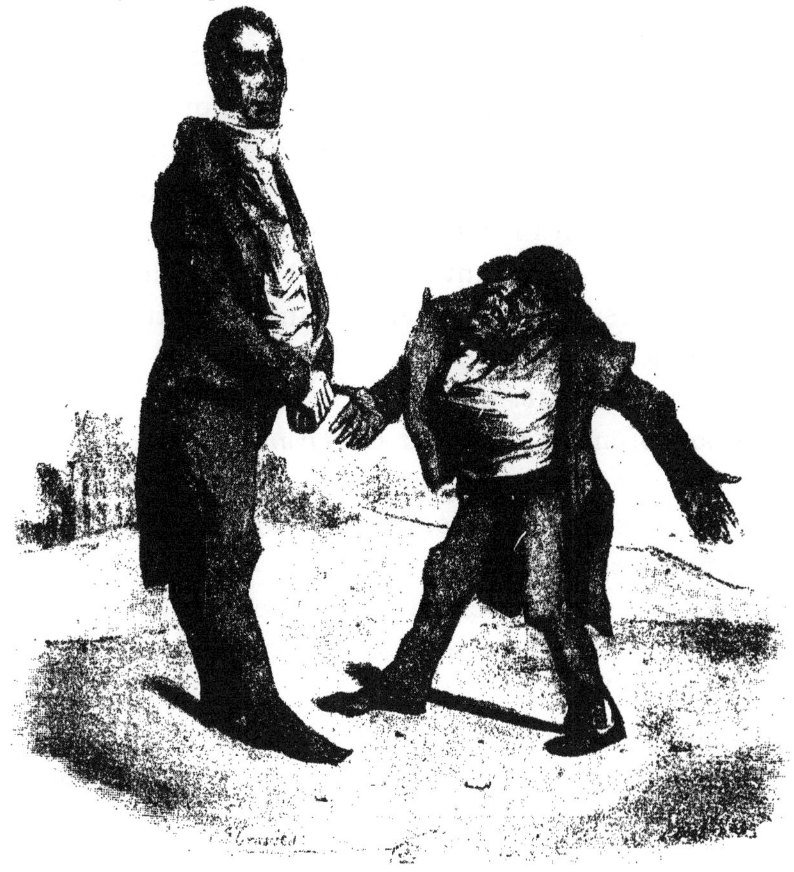

Mayeux et Lafayette. — Lithographie de Traviès.

Avant de quitter la Caricature il convient de nommer encore Pigal, qu'on peut surnommer Pigal de Kock, dès avant 1830 inventeur du sous-genre naturaliste et même du sous-genre de ce sous-genre, le genre « rosse » ;

Boilly, le crayonneur de *Physionomies* et de *Grimaces*; Augustin Pajou et Jacques Arago, lequel en 1835 représenta Louis-Philippe en Paillasse marchant sur les mains; Charles Aubry, à qui l'on doit la phrase célèbre : *Ah! qu'on est fier d'être français quand on regarde la colonne!* le fin Trimolet, de mélancolique mémoire qui, avec Daubigny, a illustré un quadrille, *les Contes de Perrault*, aussi joli que rare; Steinheil, beau-frère de Meissonier; Bassaget, le galant inventeur des *Portes et Fenêtres*; Bouchot, l'indiscret dévoilant ce qui se passe derrière les portes fermées. Il en faudrait nommer d'autres encore mais, vraiment, ils sont trop!

Cham, né en 1818, depuis le 20 décembre 1843, où il donna son premier dessin au *Charivari*, jusqu'à sa mort, en 1879, Cham, avec une gaminerie toujours aussi française, se constitue le chroniqueur quotidien des événements, petits et grands.

Et avec eux, mais après eux, travaille toute une pléiade de lithographes propageant l'esprit de France et aidant à la pousse des libertés en tuant les abus sous le ridicule.

En dehors du journal, tout un groupe d'artistes n'a cessé de maintenir et d'élever le renom artistique de la lithographie.

Le nom seul de quelques-uns est significatif.

Deux de nos grands sculpteurs, David d'Angers et Barye, et nombre de nos meilleurs peintres, pour n'avoir fait que s'arrêter un instant à l'art nouveau, n'en ont pas moins marqué leur passage par des œuvres intéressantes :

Prud'hon, avec sa *Famille malheureuse*, un pur chef-d'œuvre, d'après le tableau de Mlle Mayer, avec *la Pensée*, avec *l'Enfant au chien*, délicieux portrait du fils du maréchal Gouvion-Saint-Cyr.

Ingres, avec ses portraits de *Lady Glenbervye* et de

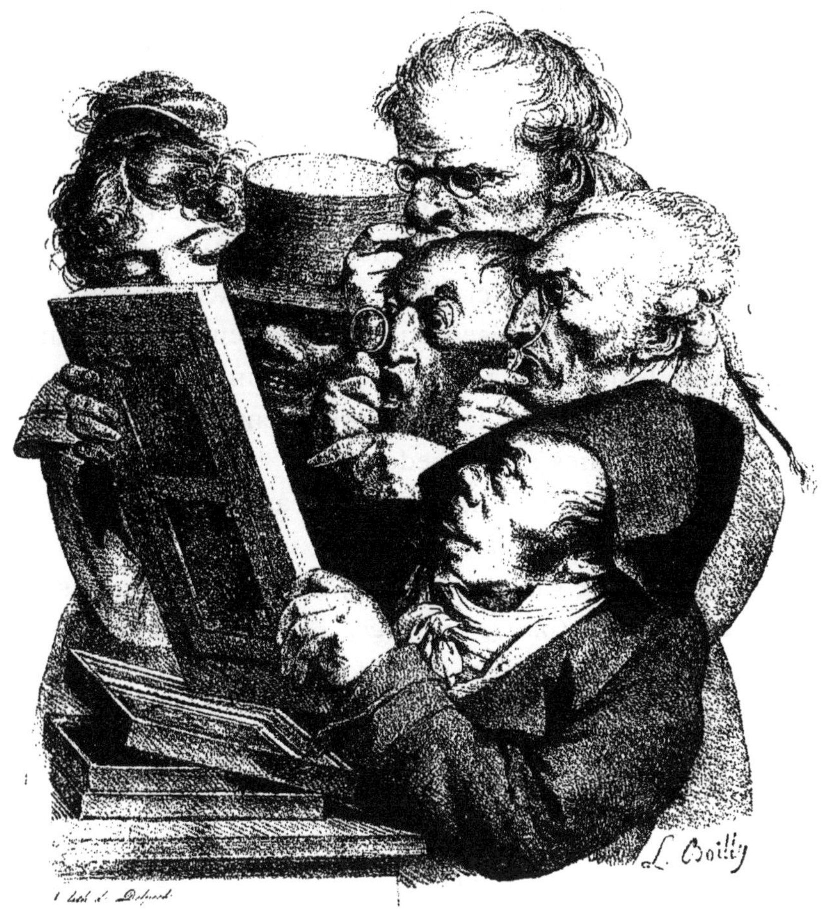

Têtes d'amateurs. — Lithographie de L. Boilly.

Fr. Douglas, faits à Rome en 1815, et son *Odalisque couchée*, merveille exécutée en 1825.

Nommant Ingres, comment ne pas nommer en même

temps Jean Sudre, le grand reproducteur de son œuvre ?

Millet, avec son *Semeur* et un dessus de romance, *Où donc est-il ?* composition intéressante très recherchée aujourd'hui et commandée en 1848, moyennant 30 francs, par un éditeur, qui trouva plus simple de mettre le jeune artiste à la porte que de le payer.

Et, puisque nous parlons de Millet, une autre anecdote démontrant qu'en 1840 le vigoureux lithographe Clément Pruche n'avait pas tout à fait tort en représentant Messieurs les Membres du Jury du Salon sous les espèces de perruques, concombres, cruches, melons, etc.

Deux jeunes gens présentent au directeur d'un grand journal une lithographie exécutée par l'un d'eux, d'après un dessin de son camarade Et l'intelligent directeur renvoie les deux jeunes gens bredouilles.

Or le dessin était de Millet, la lithographie, de Chaplin et le grand journal s'appelait *l'Artiste*.

Ce sont encore : Charles Jacque, avec son *Pêcheur*, son *Crépuscule* et sa *Chasse au cerf*, pièces d'une poésie intense, d'une vraie beauté ; Glaize, avec son *Pilori*, où il a lui-même reproduit sa propre peinture ; Léon Cogniet, avec ses *Tirailleurs*, avec l'*Attention*, un bijou, et son *Géricault mort ;* Louis Boulanger, le romantique « hugolâtre et racinophobe », avec sa *Ronde du sabbat* et ses *Mazeppa* ; Narcisse Diaz, avec sa *Veuve* et ses *Fous* ; Chassériau, avec sa *Vénus Anadyomène*, son *Apollon*, sa *Daphné* et son *Othello ;* Karl Bodmer, avec son *Refuge*, son *Bas-Bréau* et son *Combat de Cerfs ;* Rosa Bonheur, avec ses *Animaux*, de superbe allure, un tant soit peu composés.

C'est Édouard Manet, le lumineux initiateur ayant ouvert

sur le plein air et la vie telle qu'elle est une porte par où tous ont passé, avec une série d'incomparables lithographies, *Rouvière*, *Lola de Valence*, l'*Exécution de Maximilien*, etc., et chef-d'œuvre absolu de morne grandeur, hymne douloureux de la patrie déchirée, la *Guerre civile*, montrant, parmi les pavés de la barricade, un Fédéré tombé devant l'église de la Madeleine, page superbe, complète, admirable, aussi belle pour le moins que la *Rue Transnonain*, de Daumier.

Et c'est Félicien Rops, avec sa *Peine de mort* et son *Enterrement au pays Wallon*, Rops le Satanique.

N'oublions pas les deux Isabey, le vaporeux Jean-Baptiste et le mariniste Eugène, le premier avec son *Bal masqué* de 1819, son *Escalier du château d'Harcourt*, page exquise datée de 1822, le second, avec ses six *Marines* de 1833 et son *Retour au port.*

Mais ceux qui doivent surtout nous occuper ici, sont les lithographes lithographiant, c'est-à-dire ceux-là ayant surtout pratiqué la pierre.

Ce sont Célestin Nanteuil, à l'esprit romantique, qui, tout en illustrant Hugo, contraste déroutant, dessine, j'allais dire exécute, plus de 200 *Titres de Romances !* Heureusement l'artiste a laissé ses *Routiers jouant aux dés*, son *Voleur de la Montagne*, sa *Femme masquée*, ses *Roses* de printemps et d'automne, et nombre d'autres curieuses pages, sans parler de son amusante affiche de *Robert Macaire*, en 1830.

C'est Achille Devéria, autre romantique, si romantique qu'à lui incomba l'honneur de faire l'*Affiche* du *Faust* de Delacroix. Certains de ses nombreux portraits, ceux de

Dumas, d'*Ajasson de Grandsagne*, de *Victor Hugo*, de *Listz*, de *Du Sommerard*, de *Roqueplan* sont de premier ordre, ainsi que celui de *Lemercier*, que nous avons vu apprenti chez Senefelder, et qui, né le 6 juillet 1805 à Paris, mourut le 20 janvier 1887, après avoir fondé la célèbre imprimerie lithographique qu'il sut diriger en véritable artiste.

C'est Bonington, qui, mort à vingt-sept ans, a laissé des chefs-d'œuvre, soixante-sept lithographies qui sont autant de merveilles et parmi lesquelles sa *Rue du Gros Horloge* à Rouen, sa *Façade de l'église de Brou*, sa *Route de Calais* et ses deux vues du *Château d'Arlay* sont hors de pair et célèbres dans le monde entier.

C'est Paul Huet qui, en 1820, osa peindre la nature d'après nature, et dont les *Paysages* datent dans l'histoire de la lithographie, l'artiste ayant l'un des premiers su obtenir la couleur à l'aide du seul noir et blanc. De lui est aussi l'une des plus sanglantes caricatures qui aient été faites, à savoir : *l'Amnistie pleine et entière accordée par la mort en 1832*, page faisant songer à la macabre fantaisie de Willette, *Enfin, voilà le choléra !*

C'est Hippolyte Bellangé qui, en plus de cinq cents lithographies, sut traiter le soldat avec naturel et gaîté et trouver place entre Vernet, Charlet et Raffet.

C'est Jean Gigoux, avec de très intéressants portraits, Jean Gigoux dont l'illustration de *Gil Blas* léguera le nom à la postérité.

C'est Aimé de Lemud, qui, du plus beau crayon, dessine, après Raffet, un *Retour des Cendres* qui est son chef-d'œuvre et aussi l'*Enfance de Callot* et *Maître Wolframb* au succès légendaire, et son « pendant », *Hélène Adelsfreidt*, inspiré par un roman de George Sand.

C'est François Bonhommé, que, pour une suite de vues

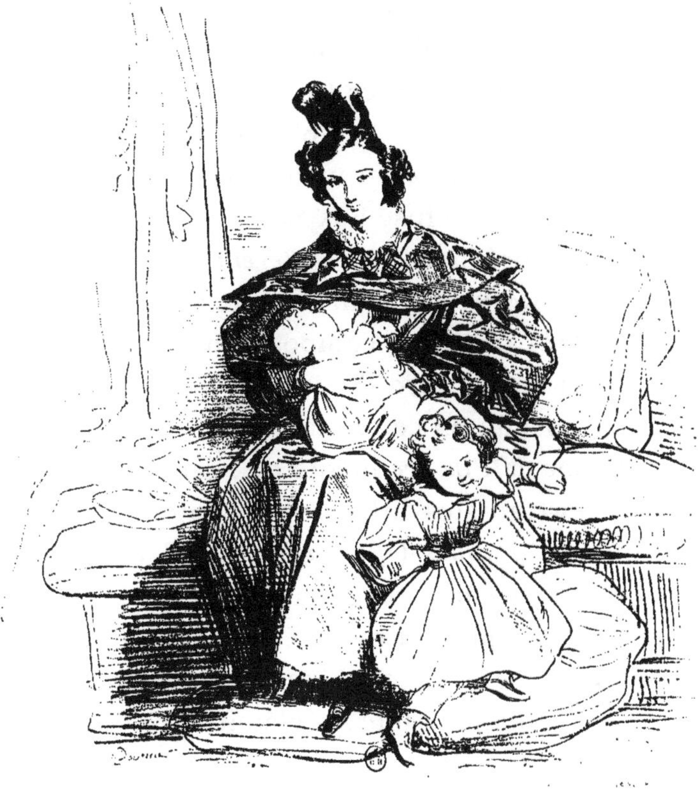

Portraits de famille. — Lithographie d'Achille Devéria.

du *Creusot* et de *Fouchambault*, on surnomma *le Forgeron*, avec deux saisissantes pages de notre histoire, l'envahissement de l'Assemblée nationale le *15 mai 1848*, et, dit-on, faite d'après nature pendant l'action même, l'attaque des barricades du canal Saint-Martin le 23 *juin* de la même année, lithographie intéressante, car on y trouve, avec le mouvement de l'époque, toute une galerie de portraits.

C'est le moderniste Charles Aubry, dont les *Croquis de chasse* sont loin d'être à dédaigner.

C'est Rodophe Bresdin, le *Chien-Caillou* de Champfleury, dont le *Bon Samaritain*, pièce célèbre et curieuse, tient le milieu entre les Primitifs et les Craquelé et trouve moyen d'évoquer le ressouvenir d'Adolphe Hervier, Hervier *le Populacier*, dont la *Tempête* est un fort beau morceau, mais qui fut vingt-trois fois refusé aux Salons.

C'est Gustave Doré, avec ses *Différents publics* de Paris, sa *Messagerie parisienne* et, parmi nombre d'autres lithographies, sa *Rue de la Lanterne*, composition fantasque à propos de la mort de Gérard de Nerval qu'on trouva, le 25 janvier 1855, pendu en cette même rue où avait flori le trou de la *Pomme de Pin*, fréquenté de Françoys Villon.

Parmi les portraitistes lithographes, citons Alexandre Laemlein dont le *Jacques Offenbach* et le *Claude Bernard* sont hors de pair ; Henri Grévedon, le crayon préféré des gens du monde ; Alophe, au modelé solide, Menut Alophe, l'inventeur d'une « tête de polichinelle pouvant s'adapter à tous les jouets d'enfants », tête qui n'était autre que celle de Charles X ; Crépy le Prince, qui a légué plus de deux cents de ses contemporains aux époques futures, et Léon Noël qui en a, lui, légué plus de six cents !

Et, portraitiste tant soit peu inattendu, Louis Pasteur, oui, l'illustre savant, qui, en 1842, étant à Besançon, a lithographié deux de ses amis.

Enfin, bloqués ensemble, Victor Adam, Emilien Desmaisons, Jules David, grands producteurs dont l'œuvre surabondante remplirait des cartons par centaines.

C'est alors, que le baron Taylor groupe une phalange où se distinguent E. Fragonard, Villeneuve, le baron Athalin, E. Isabey, Bonington, Paul Huet, Ciceri, Dauzats, Célestin Nanteuil, Viollet-Le Duc, Victor Adam, Th. Masson, Bonhommé, Ch. Vernier, d'autres encore, nombreux, préparant la voie à la littérature de restauration historique des Hugo, des Mérimée et des Vitet avec les superbes séries des *Voyages pittoresques et romantiques dans l'ancienne France*, 19 volumes publiés de 1828 à 1878 et contenant 2.000 lithographies racontant l'histoire nationale par ses monuments.

La lithographie prend possession du livre.

En 1818, Didot publie les *Mémoires de Sapho* (déjà !), in-folio illustré par Romagnesi aîné, le sculpteur, « premier ouvrage, dit l'avant-propos, auquel s'applique la lithographie ».

Un autre livre où la lithographie joue un rôle important est daté de 1820 et publié par le même Didot, *Un an à Rome*, recueil de soixante-douze planches toutes pleines de vie, de mouvement, d'observation et signées Thòmas, un Thomas qui fut pensionnaire du Roi à l'académie de France, dessina les premières affiches illustrées faites pour le théâtre, signa un curieux et amusant album, *le Romantisme*, publié par Delpech en 1829, Antoine-Jean-Baptiste Thomas, qui, né en 1791, mourut en 1834.

Le général Bacler d'Albe donne l'album de ses *Souvenirs* militaires à travers l'Europe, deux cents lithographies où dominent les batailles et, en 1822, les très précieuses et curieuses *Promenades* dans le Paris d'alors, une cinquantaine de planches nous montrant la vie de nos grands-pères.

A noter aussi un chercheur intéressant, né en Russie, Louis Choris, qui, après avoir fait le tour du monde avec Otto de Kotzebue en compagnie de Chamisso, vient chez nous, et, en 1821 et 1827, publie deux recueils où plus de cent lithographies sincères initient pour la première fois le vieux monde au nouveau.

Ce prodigieux mouvement de pensée graphique est arrêté net par le second Empire qui impose silence à l'esprit, cet esprit damné, qui sait venir à bout de tous les despotismes.

Mais de la compression naît l'explosion, et tandis que Daumier, courageux, continue sa guerre au mal, deux artistes nouveaux, hélas ! je ne puis ici nommer tous les autres, deux maîtres du sous-entendu féroce, Grévin et André Gill, paraissent, chaque jour disant leur mot, soit dans le *Journal pour rire* ou le *Charivari*, soit dans la *Lune* et l'*Éclipse*, dont la collection constitue réellement un ensemble exceptionnel et des plus curieux.

Et avant eux, en 1862, Etienne Carjat, d'un crayon humoristique et large, a, dans le *Théâtre à la ville* et dans le *Boulevard*, dessiné une bonne centaine de portraits-charges parmi lesquels plusieurs sont des chefs-d'œuvre.

Depuis la guerre, avec Liberté, lithographie, revenue d'exil, a repris ses droits et retrouvé verve et force. Mais tout est changé. Le dessin du journal se fait au procédé et une opposition se trouverait sans proie.

La lithographie originale se fait donc plus rare. On y compte néanmoins encore des gloires : Fantin-Latour, harmonieux commentateur des harmonies wagnériennes ; Eugène Carrière, toujours égal à lui-même et aussi haut dans le pur idéal ; Forain, cousin germain de Daumier et

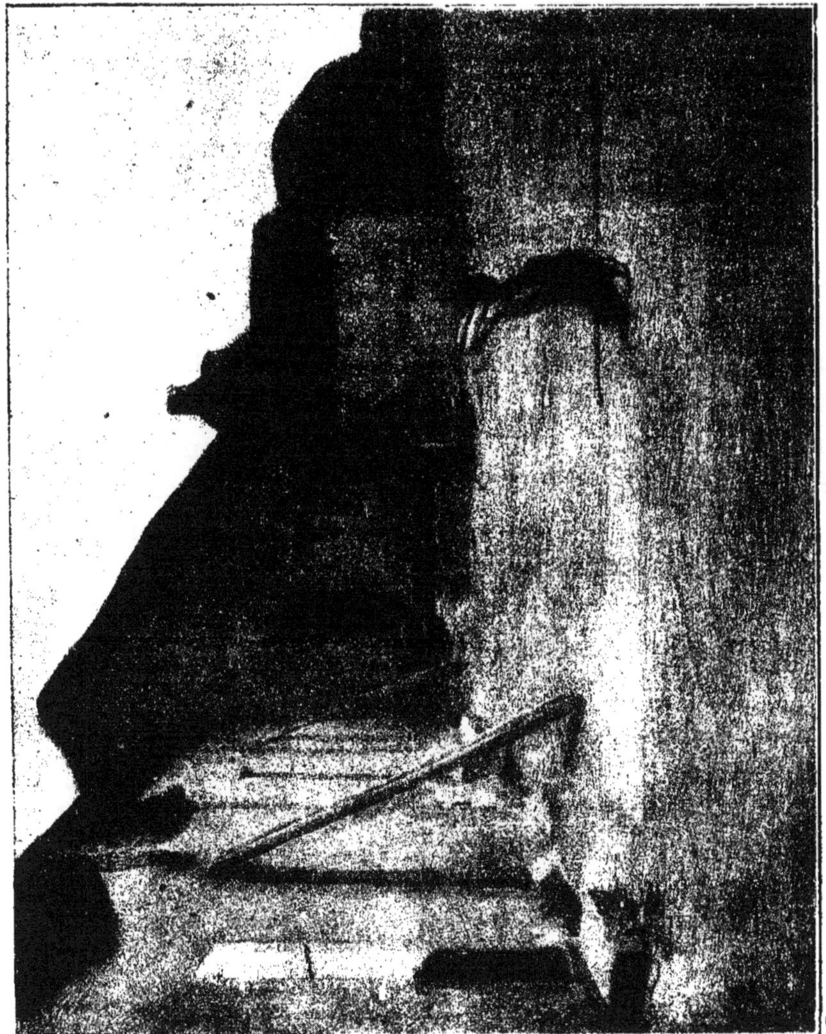

L'enfant prodigue. — Luc-Olivier Merson.
Fac-simile d'après la lithographie originale publiée par M. Verneau (Charles).

de Gavarni ; Luc-Olivier Merson, au faire savoureux ; Félix Buhot, poète exquis ; Auguste Rœdel, sous le crayon duquel revit le romantisme; Henri Boutet, pour qui le corset de la Parisienne est sans mystère ; Mesplès, qui sait la danseuse à fond ; Robida, l'étincelant et le fantastique, familier du moyen âge et des siècles futurs ; Willette, qui est Willette, c'est-à dire un frère de Watteau et de Vadé ; Detaille enfin, tout récemment entré dans la carrière avec une superbe lithographie, *Cavaliers de France*, début qui est le coup de maître d'un maître et qu'on a fort admirée à l'Exposition de la *Société des Artistes lithographes français.*

Mais la photographie et ses innombrables sous-multiples étant venus, la lithographie tend à devenir surtout un art de reproduction, au même titre que le burin et l'eau-forte, « avec des qualités de souplesse incomparable pour rendre la finesse du dessin le plus ténu et des colorations exquises dans toute la gamme des tons », comme l'a justement fait observer de Lostalot.

« Otez la lithographie de notre milieu de siècle, dit M. H. Bouchot, et l'art français se fût traîné dans la misère des traductions au burin, dans la gêne de l'eau-forte, parmi les vignettes revêches des premières gravures sur bois. Pour rendre toute chaude l'idée géniale d'un inventeur de marque, la lithographie jouit d'un indiscutable privilège, permettant à chaque tempérament de s'affirmer, abstraction faite d'ingérences étrangères. »

« Et, ajoute fort judicieusement le même écrivain, savant à la question qu'il traite, lorsque la lithographie se condamne à rendre l'œuvre d'autrui, elle bénéficie d'un charme particulier, d'une tonalité savoureuse que le burin rencontre rarement et que l'eau-forte ne trouve qu'à force de subterfuges. »

La lithographie, si l'on veut bien y réfléchir sans parti pris, est même par excellence l'art de reproduction le plus favorable à la peinture ; en effet, si savante et nette qu'elle puisse être, la taille du burin, avec sa convention des hachures rendant ombres et demi-teintes, moyen artificiel, ne vaudra jamais le crayon gras, ce pinceau, qui, logiquement, lui, rend une teinte par une teinte.

« La gravure sur pierre, possède un avantage auquel on ne s'attend pas, c'est de fournir des tirages plus purs, plus nets que le cuivre, et la raison en est facile à expliquer. La main qui nettoie le cuivre tire toujours l'encre d'un côté ou de l'autre de la taille et occasionne des bavures très visibles à la loupe, tandis que le rouleau, en passant sur les tailles, ne fait que soulever l'encre au milieu même des traits, dans lesquels elle ne laisse pas d'épaissir, puisque les traits les plus larges n'ont pas besoin de profondeur. »

Parmi les grands reproducteurs d'autrefois, on comptait des maîtres tels que Sudre qui, après avoir commencé par lithographier le portrait des accusés de l'affaire Fualdès, cette cause célèbre classique, a, de son grain sévère, traduit avec largeur et pureté les œuvres larges et pures d'Ingres, comme l'*Odalisque couchée* et la *Chapelle sixtine*, de si suprenante lumière; tels qu'Aubry-Lecomte, surnommé le prince des lithographes, dont le crayon délicat et velouté a rendu les tendresses de Prud'hon de prodigieuse façon, comme l'*Enlèvement de Psyché*, une absolue merveille ; tels que Mouilleron qui, d'après Leys, a donné la *Visite du bourgmestre Six à Rembrandt*, et, d'après Rembrandt, la *Ronde de nuit;* tels que Jules Laurens, heureux interprète de Delacroix, Flandrin, Couture, etc.; tels qu'Emile Vernier, dont le *Casseur de pierres*, d'après Courbet, et la *Famille du saltimbanque*, d'après Doré, sont lithographies remarquables et, avec eux, nombre d'autres dont les œuvres peuvent supporter toutes les comparaisons.

Ceux de maintenant ont même valeur.

Tout d'abord, saluons Théophile Chauvel, second prix de Rome de 1854, à qui l'on doit une centaine d'eaux-fortes dont quarante originales et soixante de reproduction, parmi lesquelles *la Saulaie*, d'après Corot, une merveille, lui a valu la médaille d'honneur au Salon de 1881 et dont nombre d'autres sont de premier ordre.

Mais le grand artiste, mieux que personne sachant le fort et le faible de l'eau-forte, n'a pas hésité à l'abandonner pour copier lithographiquement certaines œuvres auxquelles sa science pratique a démontré qu'elle convenait mieux : telle la *Veillée*, d'après Millet, où s'admire certain effet de lumière que l'eau-forte n'arriverait que difficilement à rendre ; telle le *Paysage normand*, d'après Isabey, où se retrouvent les touches du pinceau ; telle le *Chien basset*, d'après Decamps, lithographie à ce point identique au modèle que le crayon a rendu certains coups de pinceau formant une tête de chat sur la patte gauche du chien.

Mais le chef-d'œuvre du maître, la page absolue à laquelle rien, peut-être, ne saurait être comparé, le morceau parfait, c'est son *Enclos*, d'après Van Marcke, daté de 1878 et qu'on a admiré à nouveau à l'Exposition des Artistes lithographes français. Impossible de mieux rendre à la fois et l'œuvre de l'artiste et la nature elle-même.

« Il faut du génie pour imiter, » a dit Vauvenargues.

La *Tentation de saint Antoine*, d'après Tassaert; *Maria*, l'Italienne couchée, d'après Bonnat; la *Famille de Satyres*, d'après Priou, sont des reproductions aussi artistiques que savantes d'Achille Gilbert, habile à la lithographie comme à l'eau-forte.

Eugène Pirodon, qui, de 1862 à 1866, fut le lithographe-juré de l'*Artiste*, a dépensé sa verve en près d'un millier de reproductions; mais, à part toute une meute provenant des chenils de son professeur Jadin, et sans adopter un maître unique et préféré, il a copié avec éclectisme les œuvres des peintres du tempérament le plus opposé, particulièrement heureux avec Hébert dont il a rendu de très réel talent la *Trahison de Judas*.

Du maître Achille Sirouy, peintre dont l'œuvre lithographié compte environ cent cinquante planches, toutes de valeur, il convient de citer le *Duel après le bal masqué*, de Gérôme; les *Lansquenets*, d'après Meissonier; *Sardanapale*, *Boissy d'Anglas*, d'après Delacroix et l'admirable *Portrait d'homme*, d'après Roybet, du Salon de 1897. On sent là le patient artiste qui a appris à lutter avec la forme en s'attaquant aux Ribera, aux Corrège, aux Rubens, aux Murillo, et aussi, parmi les modernes, aux Raffet, aux Charlet, aux Prud'hon, à tous ceux dont l'étude vivifie.

Parmi les copistes réputés à juste titre par la génération actuelle, Paul Maurou vient en première ligne, voire même hors de pair, nul ne réunissant pareilles qualités d'art. Sa *Bataille de Taillebourg*, et son *Entrée des Croisés à Constantinople*, d'après Delacroix, sont, en leur sévère exactitude, traités avec une largeur et une liberté qu'on n'avait point encore rencontrées ; son *Age de pierre*, d'après Cormon et son *Mounet-Sully* en Hamlet, d'après J.-P. Laurens, d'une vigueur extraordinaire, tandis que, tout au contraire, sa *Tentation de saint Antoine*, d'après Bourgonnier, et son *Réveil*, d'après Pinchart, sont de suavité vraiment adorable et que sa *Partie de cartes*, d'après Bail, est d'une puissance de coloration inimaginable et impossible à surpasser. Ce sont là œuvres parfaites ; c'est là un maître, un maître dont l'originalité consiste à conserver toute celle de l'original.

Et, grâce aux derniers artistes que je viens de nommer, grâce surtout au vouloir enflammé du dernier, qui, en 1884, a fondé la *Société des Artistes lithographes français*, la Lithographie est si bien revenue en honneur et les jeunes ont si bien compris sa valeur et ce qu'on pouvait obtenir d'elle, que tous ont appris à se servir du crayon gras et à confier leur inspiration à la pierre.

Parmi eux, Henri Lefort, l'aqua-fortiste de *Washington* (saluons), vient de doter l'art lithographique d'un portrait de Tolstoï, qui est un chef-d'œuvre.

Et, après ceux d'hier, après ceux d'aujourd'hui, ce sont ceux de demain, descendus dans l'arène avec le vouloir de combattre et de triompher et dont certains ne manqueront pas de léguer, eux aussi, une œuvre à l'avenir ; la lithographie, un instant étouffée sous le second empire, s'est relevée aussi vivace que devant et continuera d'être une de nos gloires artistiques.

Parmi les artistes nouveaux, je citerai, sévères gardiens de la tradition revivifiée par l'esprit nouveau, quelques soldats de la phalange ayant déjà fait leurs preuves et donné plus et mieux que de vagues promesses : MM. Sourbier, Hermans, Guillon, Pélissier, G. Sauvage, Rélin, Vergnes, Mès, Toupey ; puis MM. Ménin, Leleu, Juillerat, Hodebert, Hœner, Detouche, Bouisset, S. Veber, Canivet, Ch. Léandre, Damourette, Broquelet, A. Lunois, De Groux, A. Bénard, Zacharie, Eliot, Millot, Camille Bellanger ; puis, débutants du dernier instant, MM. Georges Claude, Marius Martin, Maurice Weil et Auguste Colas, dont je me borne à énumérer les noms, chacun d'eux se distinguant par de sérieuses qualités personnelles.

Aujourd'hui, l'art de Senefelder a triomphé devant les Jurys. En effet, sans dénombrer ici les nombreuses récompenses obtenues par la lithographie, notons seulement qu'elle a mérité deux fois la suprême récompense, la médaille d'honneur, votée en 1892 à Paul Maurou et en 1897 à Achille Sirouy, deux maîtres arrivés à l'absolue perfection, étant de ceux dont parle M. Béraldi, et qui ont ajouté au métier une liberté d'allure, une fantaisie de crayonnage surprenantes, quelque chose comme ce que Diderot appelait pour la gravure « le badinage de la pointe » et se préoccupant de la couleur, ce que les premiers lithographes avaient négligé de faire.

On le voit, loin de péricliter, la lithographie a toujours été florissant davantage, et la pléiade d'artistes contemporains n'est pas pour la faire déchoir ; originaux ou reproducteurs, l'effort de leurs mérites variés et de leurs talents réels prépare une école nouvelle qui datera dans l'histoire artistique de notre France.

V

LA COULEUR

J'ai nommé Leblond parmi les précurseurs. En 1720, ce peintre-graveur expose ainsi son procédé nouveau dans l'*Encyclopédie*, cette vaste création de Diderot et d'Alembert.

« C'est en cherchant les règles des coloris que j'ai trouvé la façon d'imprimer les objets avec leurs couleurs, savoir : le *rouge*, le *bleu*, le *jaune*. Les différents mélanges des trois couleurs primitives produisent toutes les nuances imaginables, autant de teintes qu'il en puisse naître de la palette du plus habile peintre. Mais on ne saurait, en les imprimant l'une après l'autre, les fondre comme le pinceau les fond sur la toile ; il faut donc que ces couleurs soient employées de façon que la première perce à travers la troisième, afin que la transparence puisse suppléer à l'effet du pinceau. Chacune de ces couleurs sera distribuée par le secours d'une planche particulière : ainsi trois planches sont nécessaires pour imprimer une estampe à l'imitation de la peinture. Ces planches doivent être de la même grandeur, et pourvues chacune aux quatre coins de trous de repère. Sur chacune on calque le contour du dessin et l'on traite les parties qui doivent être gravées à la manière noire, sans trop approcher du contour ; les

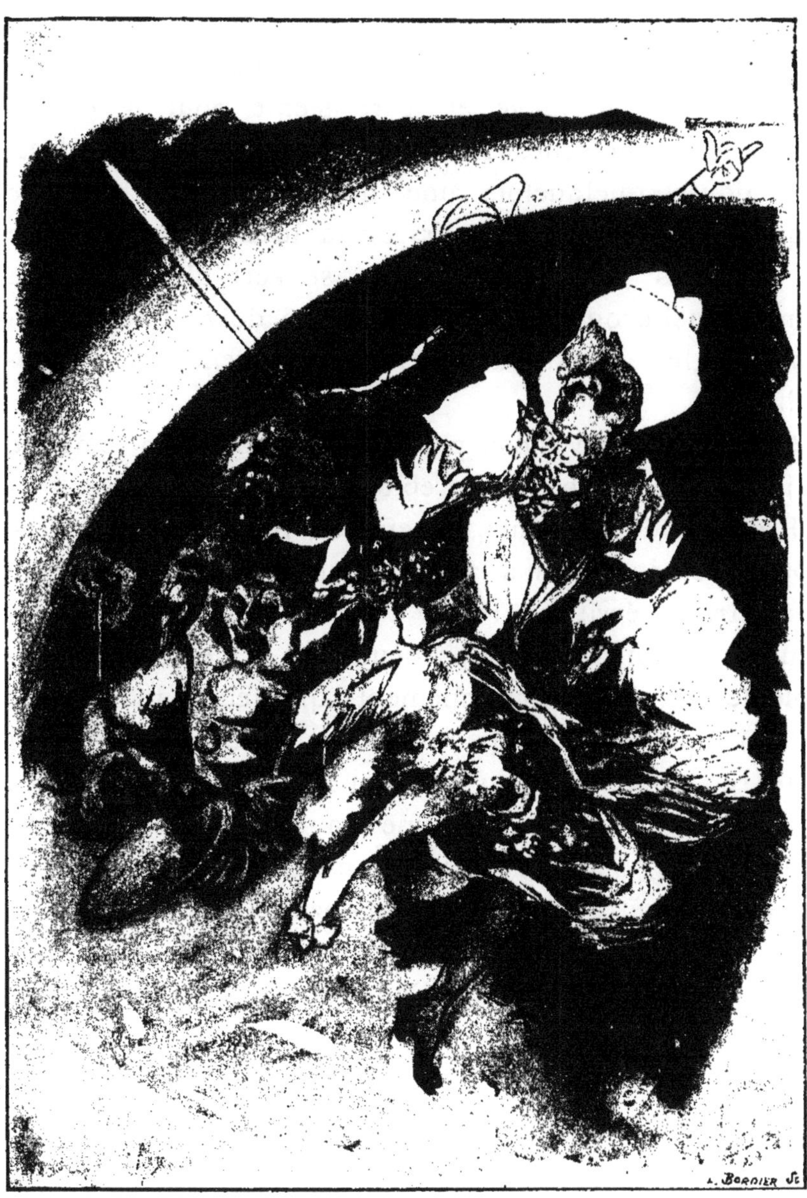

Affiche de Jules Chéret pour *l'Arc-en-Ciel.*

ombres les plus fortes sont faites par des hachures au burin. La première planche sert pour la couleur *bleue*, la seconde pour le *jaune* et la troisième pour le *rouge;* le papier représente les lumières vives ou le *blanc*. On ajoute quelquefois une quatrième planche avec laquelle on imprime les *noirs* du tableau et, pour rendre les brillants plus apparents, on se sert d'une planche dans laquelle on creuse les traits qui doivent rendre en *blanc* sur les autres couleurs les transparences de l'original. »

C'est à peu de chose près le procédé qu'on emploie aujourd'hui, et cependant Leblond ignorait la pierre.

Prophète de lui-même, Senefelder, prévoyant l'application de son invention à la céramique, aux émaux et même aux vitraux, écrit, en 1819, « l'impression avec plusieurs couleurs est une manière particulière à la pierre et susceptible de tant de perfectionnements qu'avec le temps, elle produira de véritables peintures, les expériences que j'ai faites en ce genre m'en donnent la conviction ». De ces essais, faits à Vienne, reste une planche importante, cette *Foire de Bulgarie*, dont nous avons parlé déjà, mesurant 1m,50 sur 1 mètre et imprimée en onze teintes.

Mais celui qui a fixé les règles de l'impression en couleurs par des reports est Godefroi Engelmann qui, en 1823, est arrivé à résoudre le problème, baptisant son procédé du nom de *Chromolithographie*, qu'il a conservé.

C'est alors que Kellerhoven, Turvenger et Antoine Pralon, ce dernier, mort le 27 mai 1897, forcèrent les portes du Salon avec l'admirable reproduction de l'*Œuvre de Jean Fouquet*, imagier du roi Louis le Onzième.

Obtenant aujourd'hui l'harmonie par le contraste, avec trois couleurs et trois tirages, on réalise 245 nuances, et Chevreul, savant aux arcanes du spectre solaire, est arrivé, en combinant le rouge, le jaune et le bleu, au chiffre respectable de 14.420 tons différents.

Le premier objet d'art produit par la chromolithographie est le délicieux petit portrait de Sarah Bernhardt d'après Bastien-Lepage, merveille exécutée par les imprimeurs Testu et Massin, à l'aide de dix-huit planches, c'est-à-dire dix-huit tirages. On se ressouvient en le voyant du portrait en camaïeu de Baumgartner d'après la peinture faite par Burgmair en 1512 et gravée sur bois par Dienecker.

Et, puisque j'ai nommé Sarah Bernhardt, disons que c'est un peu à elle que nous devons Jules Chéret, dont la première affiche illustrait, en 1865, une reprise de la *Biche au bois,* féerie où joua un instant la jeune artiste appelée à devenir la tragédienne que l'on sait.

Jules Chéret ! Depuis vingt ans, son esprit et sa grâce, égayant nos murailles, font de la rue un Salon de peinture, car l'affiche, dont il est et restera le créateur, a une valeur artistique et sera aussi recherchée dans l'avenir qu'elle l'est actuellement.

Nombreux, pour ne pas dire innombrables, sont les imitateurs, plus ou moins heureux, de Chéret et, en première ligne, après lui, viennent Eugène Grasset, dont la *Librairie romantique* est un pur bijou, dont la *Place Clichy* est dans l'œil de tous ainsi que la *Sarah Bernhardt* en *Jeanne d'Arc ;* Alphonse Mucha, dont les portraits de la même artiste dans ses rôles de *Gismonda*, de la *Dame aux Camélias*, de la *Samaritaine* et de *Lorenzaccio*, font prime ;

puis les spirituels humoristes Willette, Forain, Ibels, Toulouse-Lautrec, Rœdel, Guillaume, Dillon, Lunois, Malteste, Réalier-Dumas, Bouisset, Hermann Paul, G. Sauvage, etc., qui, tous plus ou moins, ont quelque chose du secret que, seul, Chéret possède tout entier.

Mais, disons-le pour finir, dès que la couleur apparaît, il n'est plus de lithographie, car tout le charme de celle-ci est dans les jeux du Noir et Blanc, riche palette dont les précieuses qualités se trouvent alors perdues.

L'affiche est fantaisie charmante, mais, bien que le dessin en soit exécuté sur pierre, c'est autre chose, absolument autre chose, il en faut convenir, ou l'on serait de mauvaise foi. Une preuve en est que, Delacroix mis à part, mais celui-là avait du génie, les peintres sont loin d'être les meilleurs lithographes, il en faut convenir aussi.

ÉVREUX, IMPRIMERIE DE CHARLES HÉRISSEY

www.ingramcontent.com/pod-product-compliance
Ingram Content Group UK Ltd.
Pitfield, Milton Keynes, MK11 3LW, UK
UKHW021648260726
13994UKWH00003B/1346